U0637983

制度、名物与史事沿革系列

# 中华民族史话

*A Brief History of Chinese Nation*

陈琳国　陈　群／著

社会科学文献出版社

SOCIAL SCIENCES ACADEMIC PRESS (CHINA)

图书在版编目（CIP）数据

中华民族史话/陈琳国，陈群著. —北京：社会科
学文献出版社，2011.10
（中国史话）
ISBN 978 - 7 - 5097 - 2717 - 1

Ⅰ.①中… Ⅱ.①陈… ②陈… Ⅲ.①中华民族 -
民族历史 Ⅳ.①K28

中国版本图书馆 CIP 数据核字（2011）第 189143 号

**"十二五"国家重点出版规划项目**

中国史话·制度、名物与史事沿革系列

# 中华民族史话

著　　者／陈琳国　陈　群

出 版 人／谢寿光
出 版 者／社会科学文献出版社
地　　址／北京市西城区北三环中路甲 29 号院 3 号楼华龙大厦
邮政编码／100029

责任部门／人文科学图书事业部 （010）59367215
电子信箱／renwen@ssap.cn
责任编辑／韩莹莹　宋淑洁
责任校对／秦　晶
责任印制／岳　阳
总 经 销／社会科学文献出版社发行部
　　　　　（010）59367081　59367089
读者服务／读者服务中心（010）59367028

印　　装／北京画中画印刷有限公司
开　　本／889mm×1194mm　1/32　印张／5.125
版　　次／2011 年 10 月第 1 版　字数／102 千字
印　　次／2011 年 10 月第 1 次印刷
书　　号／ISBN 978 - 7 - 5097 - 2717 - 1
定　　价／15.00 元

# 总　序

　　中国是一个有着悠久文化历史的古老国度，从传说中的三皇五帝到中华人民共和国的建立，生活在这片土地上的人们从来都没有停止过探寻、创造的脚步。长沙马王堆出土的轻若烟雾、薄如蝉翼的素纱衣向世人昭示着古人在丝绸纺织、制作方面所达到的高度；敦煌莫高窟近五百个洞窟中的两千多尊彩塑雕像和大量的彩绘壁画又向世人显示了古人在雕塑和绘画方面所取得的成绩；还有青铜器、唐三彩、园林建筑、宫殿建筑，以及书法、诗歌、茶道、中医等物质与非物质文化遗产，它们无不向世人展示了中华五千年文化的灿烂与辉煌，展示了中国这一古老国度的魅力与绚烂。这是一份宝贵的遗产，值得我们每一位炎黄子孙珍视。

　　历史不会永远眷顾任何一个民族或一个国家，当世界进入近代之时，曾经一千多年雄踞世界发展高峰的古老中国，从巅峰跌落。1840 年鸦片战争的炮声打破了清帝国"天朝上国"的迷梦，从此中国沦为被列强宰割的羔羊。一个个不平等条约的签订，不仅使中国大量的白银外流，更使中国的领土一步步被列强侵占，国库亏空，民不聊生。东方古国曾经拥有的辉煌，也随着西方列强坚船利炮的轰击而烟消云散，中国一步步堕入了半殖民地的深渊。不甘屈服的中国人民也由此开始了救国救民、富国图强的抗争之路。从洋务运动到维新变法，从太平天国到辛亥革命，从五四运动到中国共产党领导的新民主主义革命，中国人民屡败屡战，终于认识到了"只有社会主义才能救中国，只有社会主义才能发展中国"这一道理。中国共产党领导中国人民推倒三座大山，建立了新中国，从此饱受屈辱与蹂躏的中国人民站起来了。古老的中国焕发出新的生机与活力，摆脱了任人宰割与欺侮的历史，屹立于世界民族之林。每一位中华儿女应当了解中华民族数千年的文明史，也应当牢记鸦片战争以来一百多年民族屈辱的历史。

当我们步入全球化大潮的 21 世纪，信息技术革命迅猛发展，地区之间的交流壁垒被互联网之类的新兴交流工具所打破，世界的多元性展示在世人面前。世界上任何一个区域都不可避免地存在着两种以上文化的交汇与碰撞，但不可否认的是，近些年来，随着市场经济的大潮，西方文化扑面而来，有些人唯西方为时尚，把民族的传统丢在一边。大批年轻人甚至比西方人还热衷于圣诞节、情人节与洋快餐，对我国各民族的重大节日以及中国历史的基本知识却茫然无知，这是中华民族实现复兴大业中的重大忧患。

中国之所以为中国，中华民族之所以历数千年而不分离，根基就在于五千年来一脉相传的中华文明。如果丢弃了千百年来一脉相承的文化，任凭外来文化随意浸染，很难设想13亿中国人到哪里去寻找民族向心力和凝聚力。在推进社会主义现代化、实现民族复兴的伟大事业中，大力弘扬优秀的中华民族文化和民族精神，弘扬中华文化的爱国主义传统和民族自尊意识，在建设中国特色社会主义的进程中，构建具有中国特色的文化价值体系，光大中华民族的优秀传统文化是一件任重而道远的事业。

当前，我国进入了经济体制深刻变革、社会结构深刻变动、利益格局深刻调整、思想观念深刻变化的新的历史时期。面对新的历史任务和来自各方的新挑战，全党和全国人民都需要学习和把握社会主义核心价值体系，进一步形成全社会共同的理想信念和道德规范，打牢全党全国各族人民团结奋斗的思想道德基础，形成全民族奋发向上的精神力量，这是我们建设社会主义和谐社会的思想保证。中国社会科学院作为国家社会科学研究的机构，有责任为此作出贡献。我们在编写出版《中华文明史话》与《百年中国史话》的基础上，组织院内外各研究领域的专家，融合近年来的最新研究，编辑出版大型历史知识系列丛书——《中国史话》，其目的就在于为广大人民群众尤其是青少年提供一套较为完整、准确地介绍中国历史和传统文化的普及类系列丛书，从而使生活在信息时代的人们尤其是青少年能够了解自己祖先的历史，在东西南北文化的交流中由知己到知彼，善于取人之长补己之短，在中国与世界各国愈来愈深的文化交融中，保持自己的本色与特色，将中华民族自强不息、厚德载物的精神永远发扬下去。

《中国史话》系列丛书首批计200种，每种10万字左右，主要从政治、经济、文化、军事、哲学、艺术、科技、饮食、服饰、交通、建筑等各个方面介绍了从古至今数千年来中华文明发展和变迁的历史。这些历史不仅展现了中华五千年文化的辉煌，展现了先民的智慧与创造精神，而且展现了中国人民的不屈与抗争精神。我们衷心地希望这套普及历史知识的丛书对广大人民群众进一步了解中华民族的优秀文化传统，增强民族自尊心和自豪感发挥应有的作用，鼓舞广大人民群众特别是新一代的劳动者和建设者在建设中国特色社会主义的道路上不断阔步前进，为我们祖国美好的未来贡献更大的力量。

陈奎元

2011年4月

⊙ 陈琳国

陈琳国　历史学博士，原北京师范大学历史系教授、博士生导师，《中国文物报》总编辑。现为北京师范大学历史学院 985 工程特聘教授。主要著作有《魏晋南北朝政治制度研究》、《中古北方民族史探》等。

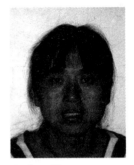

⊙陈　群

陈群　历史学博士，原江苏淮阴师范学院历史系副教授。发表有《刘宋建立与士族文人的分化》、《吴兴沈氏与刘宋皇权政治》等学术论文多篇。

# 目 录

# 一　中华民族的童年

＊ 我们伟大的民族在这片神奇的土地上诞生。

＊ 从 170 万年前的元谋人起，我们民族的先民开始了艰难的长途跋涉，炎黄、东夷、苗蛮等部落集团都留下了自己的足迹。

＊ 华夏族是以中原部落联盟为基础，融合周边许多民族部落形成的。

＊ 华夏族及周边所谓"四夷"，都是我们中华民族的祖先。

 **在这片神奇的土地上**

我们伟大的祖国，地域辽阔，历史悠久。以汉族为主体的我国各民族用自己的劳动和智慧创造了辉煌灿烂的中华文明，也创造了我们伟大的中华民族本身。倘若我们溯历史长河而上，探寻我们古老的民族之源，首先必须注目于这片神奇的土地，这是我们先民的活动舞台。同时，正如马克思所说："有生命的个人的存在"必须要有一定的"自然基础"，它包括"人们自身的生理特性"和"各种自然条件——地质条件、地理条件、气候条件以及其他条件"。"任何历史记载都应当从这些自然基础以及它们在历史进程中由于人们的活动而发生的变更出发。"（《马克思恩格斯选集》第1卷，人民出版社，1972，第24页）

中华大地位于亚洲东部，太平洋西岸。地势西高东低，地形复杂多样。按高度的明显变化，我国地势自西向东可分为三级阶梯。西部青藏高原，平均海拔4000米以上，是第一级阶梯。青藏高原以北以东，下降到海拔2000~1000米，为第二级阶梯，其上分布着地面崎岖的云贵高原，沟壑纵横的黄土高原，起伏平缓的内蒙古高原，山清水秀的四川盆地，沙漠广布的塔里木盆地和草原宽广的准噶尔盆地等。第三级阶梯为北起大兴安岭，中经太行山、巫山及云贵高原东缘以东的地区。这里分布着海拔1000米以下的丘陵和200米以下的平原，主要有东北平原、华北平原、长江中下游平原。东南沿海地区则有许多丘陵。

中华大地东西跨经60余度，南北跨纬50度，辽阔的地域，复杂的地形，又影响着气候，形成了复杂多样的特点。总体规律表现为由东至西雨量递减，由南至北气温渐降。就雨量而言，内陆依距海远近形成了自东南向西北湿润与半干旱、干旱的明显递变。由于地势西高东低，西北背靠亚欧大陆，东南面向太平洋敞开，从东部太平洋、南部印度洋吹来的季风在东部地区形成了丰沛的降雨，而越往内陆，受地形阻隔，降水量逐渐减少，尤其是西北内部，因距海千里之遥，夏季风鞭长莫及，成为最干旱的地区。就气温而言，以一些名川大山为分界，由南向北，呈现热带、亚热带、暖温带、中温带、寒温带气候递变。大体言之，台南、琼西及滇南河谷一线以南为热带；此线以北至秦岭淮河一线为湿润多雨的亚热带；往北至秦长城以东以南为暖温带；秦长城以西以北为中温带；黑龙江大兴安岭北端为寒温带。

大体言之，我国内陆腹心地区的气候、地理条件较周边四境要优越得多。西北地区多为高寒山地，内陆则形成以黄河、长江为中心的开阔、平坦区域，气候温暖湿润。这种自然特点对中国境内远古人类的产生、分布、发展以及中华民族的形成都产生了深远的影响。"第一，汉族聚居的黄河、长江中下游地区，由于其地理条件的优越，生产的发展始终处于领先地位，并在物质上、生产技术上和文化方面影响着周边的少数民族地区，因而形成了一种自然的凝聚力。这种建立在物质基础上的凝聚力，是不以人们的主观意志为转移的。第二，在东、南濒海，北有沙漠，西和西南有高山的地理条件下，周边少数民族向内地发展比向外发展要容易得多，因而形成了一种自然的内向性。这种自然的内向性与上述的自然的凝聚力的结合，成为维系中华民族间联系的纽带。"（白寿彝主编《中国通史》第一卷《导论》，上海人民出版社，1989，第148页）

黄河是我们民族的母亲河，是我国古代文明的中心。它发源于巴颜喀拉山，始如涓涓细流，中途融汇百川，滚滚而下，形成气势雄浑浩瀚的大河。黄河中下游地区，西部是八百里秦川和较低平的黄土高原，东部则是因河水冲积而形成的大平原，皆以黄土地为主。疏松的黄土，适度的降水，干燥的气候，充足的日照以及四季分明，为早期农业发展与人类的生存活动提供了良好的条件。而地势平坦低平，较少交通阻隔，又有利于早期人类群体的交往与联系。这里成为我国古代文明的主要发源地。

长江是我国第一大河流，发源于唐古拉山，上游多为高山峡谷，至中下游地势有所缓和，主要是大片肥沃的平原和部分丘陵，山地较少。长江流域气候湿热，雨量充沛，江湖纵横，有利于作物生长。但在生产力较为低下的年代里，水田农业生产难度大，不易开发。所以，尽管这里的人们很早就创造出稻作文明，但始终不及黄河流域的旱作农业文明那样绚丽夺目。

周边地区的自然条件大致是：西北地区以帕米尔高原为主体，延伸出众多高大山脉。由高山和沙漠构成的地形区，高寒干旱，只在一些沙漠绿洲地区产生出星星点点的农业，不利于人们的生存。西南地区山脉纵横，大江奔流，有世界上最高的山脉——喜马拉雅山。这里气候湿热，易生疾病，在古代被称为"瘴疠之区"。而青藏高原则以高寒的特点，自成气候大区。华南地区地处热带、亚热带，地形以山地、丘陵为主，土壤贫瘠，覆盖着浓密的原始森林，开发起来并非易事。在北方，以大兴安岭为界，东西形成森林、草原截然不同的文化区。东北地区由于气候寒冷，生长期短，农业发展极为缓慢，直至明末清初还被视为"不毛之地"。大兴安岭以西地区，包括我国内蒙古自治区和蒙古国部分地区，地势起伏不大，为广阔无垠的草原与沙漠、戈壁。这种地理环境，决定了古代北方民族以游牧为主的经济形态。广袤的大草原容易形成统一的政治实体，但由于游牧经济自身的缺陷，即物质积累少，易受自然灾害影响，这种政治实体又往往崩于一旦，从而使草原文明的发展呈现不连贯的特征。因而虽然北方草原文明起源较早，却始终未能产生出同长江、黄河流域一样高度发达的文化。

正是我国境内以地理环境为主的自然条件的差异性，使得古人类产生不久，远古文明在萌发阶段便因地域不同而产生差异。在历史长河的演变中，这里产生了民族间区别的最早因素。

大约在距今1200万年的中新世时代，由于地球板块碰撞挤压，原来高度只有1000米左右的喜马拉雅山脉缓缓隆起，形成了今天的"世界屋脊"青藏高原。青藏高原重重屏障遮挡住了从印度洋吹来的暖湿季风，使我国许多地区的气温骤然下降。雨量减少，苍莽茂密的森林景观化为森林草原型的植被。

气候和植被的剧变迫使云贵高原的森林古猿远离茂密的森林栖居生活，到地面来寻求生存。大自然的严峻挑战为这些古猿提供了向人类进化的机遇，于是中国最早的人类诞生了。这就是发现于云南元谋县上那蚌村距今约170万年的元谋人。元谋猿人，又称元谋直立人，仍处于人类进化的早期阶段。尽管他们的体态仍与猿类有相似之处，实际却有本质的区别。这就是他们已能够打制粗陋的石器，而"没有一只猿手曾经制造过一把哪怕是最粗笨的石刀"。(《马克思恩格斯选集》第3卷，人民出版社，1972，第509页) 他们已经开始用火，懂得取暖和吃熟食。他们在与大自然的斗争中已经积累了一定经验。

此后，我国南北各地相继出现了旧石器早期猿人的踪迹：湖北郧县和郧西县的郧县人、郧西人，陕西蓝田的蓝田人，北京周口店的北京人，安徽和县的和县人，辽宁营口的金牛山人。其中最重要的就是陕西蓝田人和北京人。蓝田人发现于陕西蓝田县陈家窝。蓝田人距今约百万年，属直立人。发现于北京西南周口店山洞里的北京人，一般认为距今约50万年。北京人已是发展形态的猿人，他们的面部短而突出，前额低平，眉骨粗大，吻部突出，脑壳比现代人厚，脑容量却较现代人少。他们具备了人的性质却又残留着某些猿类的特征。在北京人居住的洞穴里，已发现大量的石器、骨器和丰富的用火的遗迹。北京人过着集体群居生活，采集和渔猎是他们的主要生产活动和生活来源。由于生存环境的恶劣，他们的寿命普遍很短。北京人以后，猿人分布进一步向各地扩展，东至安徽，南到贵州，北抵辽宁，无论是辽宁金牛山文化，还是在辽宁喀喇沁左翼蒙古族自治县鸽子洞发现的鸽子洞文化，都是北京人文化的延续和发展。贵州黔西观音洞文化与北京人文化同时或稍晚，文化特色却存在着明显的差异，说明不同地区的文化发展已显示出复杂化与多样化的趋势。

　　大约距今 10 万年起，我国历史进入旧石器中期。早期智人（即古人）是这个时期的主人。我国境内已发现的早期智人主要有陕西的大荔人、广东的马坝人、湖北的长阳人、山西的许家窑人和丁村人。早期智人的体态特征比猿人已有明显进步。如大荔人和许家窑人的吻部收缩；马坝人的颅骨变薄，前额变长；长阳人上颌骨不像猿人那样向前突出；丁村人的牙齿已经接近现代人。这些变化是智人体质增强、智力提高的表现，也是社会生产力发展的结果。根据已出土的许家窑遗址石器之多来看，那里曾有过一个颇具规模的石器制造场，否则难以形成数量如此众多而制作工序又比较复杂的石球。这说明，打制石器与采集、狩猎已出现某种程度的分工。而分工则意味着与一定的社会组织相联系，这就是氏族部落，一般认为我国氏族和部落是在旧石器中期形成的。

　　氏族社会的产生，是人类历史上一次伟大的飞跃。氏族部落作为人类最早和最基本的社会组织，从一产生即显示了它巨大的组织力量。它把氏族内部的成员凝聚为一个整体，以集体的智慧和力量与大自然抗争，创造更新的工具，创造更高的生产力。同时，氏族实行族外婚，从而改善了人自身的素质，人类生存和发展的能力大大提高。就我国历史而言，从元谋人算起，花了 160 万年的时间，我们的祖先才跨入氏族社会的门槛。而从此以后，人类文明的步伐则显示出了加速度迈进的趋势。

由于氏族组织的出现加速了人类历史的发展，距今4万年左右，我国古人类自身发展已完成，进入了晚期智人，即新人阶段。旧石器时代进入晚期。新人与现代人体态已相差无几。正如贾兰坡先生所说："假如有这么一种人还活在世上的话，给他穿上我们的衣服，和我们并肩走在大街上，没有人会惊异地多看他一眼。"（《中国大陆上的远古居民》，天津人民出版社，1978，第112页）

新人遍布我国境内各地，有内蒙古的河套人和札赉诺尔人，黑龙江的哈尔滨人，吉林的安图人，北京的山顶洞人，山西的峙峪人，四川的资阳人，浙江的建德人，广东的阳春人和封开人，台湾的左镇人，广西的柳江人，云南的丽江人，贵州的义兴人，等等。没有发现人类化石的文化遗址则更多，几乎遍及全国各省区。

新智人由于分属于不同的氏族部落，由于文化传统和地理环境的差别，在生产方式、生活方式、社会风俗等各方面都显示出了差异性，这也是追溯中国新石器文化多元起源与多区域不平衡发展的渊源所致。

在北方，黄土高原与华北平原，可以区分出"匼河—丁村系"和"周口店第一地址（北京人遗址）—峙峪系"两大传统。前者以大型石器为主，尤以大三棱尖状器为典型器物；后者则以发达的小型石器为特点，石器细化倾向日益明显。例如山西峙峪遗址石器，主要是既细小而又精致的小尖状器、小刮削器，还有一件小巧玲珑的用水晶制成的小石刀。

在南方，迄今发现的旧石器文化遗址材料不多，石器类型比较简单，打制也较粗糙，主要有砍砸器、刮削器、尖状器。砍砸器所占比例远高于北方，反映了南方地区以采集为主的特点。如百色上宋村有数以千计的石制器，非常粗大，大多为粗糙的砍砸器；云南呈贡县龙潭山遗址有石核、石片等石制器，形状多不规整。南方个别遗址如四川汉源县富林也出现许多小石器，但加工水平远不及北方，这说明南方生产力的发展显然落后于北方。

在距今 1 万年左右，我国历史进入新石器时代。我国新石器文化遍地开花，蔚为大观。据不完全统计，全国已发现新石器文化遗址有 7000 多处。以黄河流域为中心，长江流域、东南珠江流域、西南地区、北方地区，都出现了大批新石器时代文化遗址。

黄河流域社会生产力的空前发展是新石器时代兴起的农业文明的最大成就。黄河被称为我们的母亲河，中原地区成为古代文明的中心，其地位应当就是在这一时期所奠定的。黄河流域新石器文化的特点是：数量众多，新石器文化的星罗棋布显示了农业文明蓬勃发展的势头，同时，在纵向的发展顺序上，又有着明显的传承关系，体现了对旧石器时代文化成果的保存和发展，并为后人的继承和开拓奠定了基础。这一时期，黄河流域新石器文化遗址包括：

黄河中游，以渭、洛、汾诸黄河支流汇集的中原为中心，北达河套及长城沿线，南接鄂西北，东至豫东一带，西至甘、青接壤地区，分布着仰韶文化。它渊源于以裴李岗、磁山、大地湾为代表的前仰韶文化，而后起的中原龙山文化则又承袭了仰韶文化。一般认为，继中原龙山文化而后起的可能就是夏文化、先商文化、先周文化。

黄河下游，以泰山为中心，南至淮，东至海，北至河北，分布着大汶口文化。它渊源于青莲岗文化，承之而发展的则为山东龙山文化。继山东龙山文化的是后来发现的岳石文化。岳石文化填补了山东龙山文化与商文化的空隙。海岱地区的新石器文化，多认为是远古传说中太昊、少昊集团以及夏、商、周三代的东夷文化。

黄河上游，在青海、宁夏、甘肃一带出现了以彩陶为特征的新石器文化，其代表即马家窑文化。

黄河流域之所以成为古代文明的中心，是与这一地区自然地理条件的优越分不开的。历史地理学的研究显示，新石器时代的黄河流域干旱少雨，除了低洼地带和靠近水源的山坡生长着森林外，到处是藜藜、粟、稷等耐旱的草本植物。黄土质地疏松，土性肥沃，适宜原始农耕。而滔滔的黄河及其众多的支流为原始农业的发展提供了方便。黄河流域的人们在长期的原始农业的经营中，发明了诸如石铲、石斧、石镰等石器及石磨盘、石磨棒等粮食加工工具，还发明了轮制陶器。新石器时代先进的生产工具将生产力的发展推到一个前所未有的高度。聚集在此的人们，营建起半地穴式的房屋，形成了聚落。他们从采集野生的粟类植物到种植，从狩猎到圈养猪羊等家畜，开始走上原始农业的道路。由于这里地势平坦，交通便利，人们相互之间横向联系加强，氏族部落间初步打破了"小国寡民，老死不相往来"的状态，相互影响，相互交融，为后来黄河流域文化的统一、华夏民族的诞生奠定了基础。

长江流域是新石器时代仅次于黄河流域又一重要地区。其下游以太湖平原为中心，南达杭州湾，北至苏皖接壤区，形成了一个非常发达的新石器文化区系。其序列大体是：河姆渡文化早期—马家浜、崧泽文化—良渚文化。良渚文化与中原龙山文化大体同时发展，深受龙山文化的影响。良渚文化中的玉器制作发达，某些花纹后来广泛流行于商周青铜器上，体现了长江、黄河两大文化区系相互影响与交融的特点。长江下游新石器文化成为追溯百越民族及其文化起源的主要对象。长江中游，以江汉平原为中心，南包洞庭湖平原，西尽三峡川东，北达豫南与黄河中游新石器文化相间分布，是一个自成体系的新石器文化区。其传承序列大致是：皂市下层文化—大溪文化—青龙泉三期文化。一般以此为追溯三苗集团及其文化起源的对象。

东南、华南地区，以鄱阳湖—珠江三角洲为中心，包括两广、闽台和江西等省区。新石器时代早期遗址多分布于洞穴、贝丘和台地。其中大量打制石器与磨制石器共存，骨角器发达，反映了这一地区渔猎经济的特点。晚期遗址中出现了彩陶与硬陶，并有了较发达的农业，反映了经济类型的转变。广泛分布于华南的新石器文化遗址，应是百越先民创造的文化遗存。

西南地区，包括云贵和川康，发现的新石器文化遗址相对较少。值得注意的是，川西昌都、甘孜地区和滇西北的新石器文化，与黄河中上游文化有密切联系，可能为氐、羌部落先民所创造。1990年，在西藏拉萨市北郊曲贡遗址发现了大量新石器时代打制、磨制石器及陶器，其中发现的一件猴头陶塑艺术品，可能与西藏古蕃人关于人类起源于猴的神话传说有关。

北方地区，除东北森林区外，大多为高原和山地，气候寒冷而干旱，形成大面积的沙漠和草原。这种恶劣的自然条件对于处于新石器时代生产力仍极其低下的人们的生存极为不利。但这里的人们却创造出一种以游牧狩猎为主的文明。以细石器为特征的文化遗存，在北方地区分布极为广泛，而陶器与磨制石器始终未得到充分发展。进入青铜时代后，它们大多演变为游牧区，成为北方游牧部落集团的先民渊源。

新石器时代文化遗址的广泛分布，呈现了多元起源、多区域不平衡发展的特点。正如费孝通教授所指出的："很难想象在这种原始时代，分居在四面八方的人是出于同一来源，而且可以肯定的是这些长期分隔在各地的人群必须各自发展他们的文化以适应如此不同的环境。"如果再结合先秦时代我国民族分布的状况来考虑的话，那么这种区域文化的形成无疑与古代民族形成关系密切。因而，新石器时代各地不同的文化区可以作为我们认识中华民族多元一体格局的起点。

## 2 炎黄、东夷和苗蛮

同任何一个具有悠久历史的文明古国一样，我国的文化宝库中也珍藏着众多的神话传说，其内容丰富多彩，涉及宇宙的形成、人类的诞生、原始社会的发展等各方面。这些神话传说是人类在发明文字记载之前，以口耳相传方式保存下来的，由于时代久远，不免多有讹误。同希腊神话相比，中国神话更像历史传说，缺乏故事因素，神际关系混乱，资料零散，异文多且矛盾。但是，我们却可以通过历史研究，在探幽索隐中寻找各民族先民们的足迹，找到华夏族发展的历程。

我国古代传说中，最多的是关于黄帝、炎帝的传说。炎黄被视为中国人的祖先，他们与华夏族有着确定的渊源关系，其生活时代大约对应于新石器时代晚期。

根据古书的记载："昔少典娶于有蟜氏，生皇（黄）帝、炎帝。黄帝以姬水成，炎帝以姜水成；成而异德，故黄帝为姬，炎帝为姜。"（《国语·晋语》四）姬水、姜水大约即在今天的陕西黄土高原上。而少典并非指某个具体的人物，不过是一个氏族部落的名称，少典生炎黄指炎黄为少典的后代。这段话的确切含义大致是：在新石器时代晚期的某个时候，在今陕西黄土高原上有两个互相通婚的氏族：一个叫少典氏，一个叫有蟜氏。黄帝和炎帝都是他们的后代。这两个氏族后来分化出两个新的氏族部落，即居于姬水边的姬姓黄帝部落与居于姜水边的姜姓炎帝部落。

　　炎黄部落集团后来由关中向中原迁徙。黄帝部落沿着中条山、太行山北上，到达今北京地区。炎帝部落则到达今河南、河北、山东三省交界处。在古代氏族部落时代，这种迁徙是极常见的。由于自然条件的逼迫，或者为了寻找一个更好的生活环境，人们往往在一个模糊愿望的指引下进行艰难的长征。而炎黄部落的这次迁徙获得伟大的成功，他们也因而成为众人所景仰的英雄。

　　炎黄部落东迁后，经过不断发展，各自建立了自己的部落联盟。他们势力扩大了，同时由于地域改变，也与其他部落联盟发生了联系。

　　当时，在今天的河南东部、江苏北部又有蚩尤的九黎部落联盟。"蚩尤兄弟八十一人，并兽身人语，铜头铁额，食沙石，造兵仗，威震天下，不仁不慈。"（《太平御览》卷七八引）和黄帝、炎帝一样，蚩尤也是一个部落集团的首领，他有"兄弟八十一人"，大概是指这是由81个氏族组成的联合体。蚩尤集团的军事实力极其强大，部落成员均能征善战。

　　炎黄集团迁至中原，双方矛盾开始尖锐。相传黄帝心性聪明，刻苦好学，能征惯战，得到周围许多部落酋长的拥护，部落联盟日益壮大。而炎帝不满黄帝部落强大，以武力威逼其他的部落酋长，却使更多的部落倒向黄帝一边，双方矛盾越来越大，终于导致了阪泉之战，黄帝三战而取胜。

　　不久，炎黄集团又与蚩尤所属东方九黎集团发生冲突。尤其是炎帝集团，由于居住区偏南，为了与蚩尤集团争夺肥沃的土地和人口，而发生冲突。炎帝斗不过蚩尤，"狼狈北窜"，向北方黄帝求救，黄帝也深感"唇亡齿寒"，遂联合炎帝出兵与蚩尤大战于涿鹿，这就是著名的涿鹿之战。其结果以蚩尤被擒杀，炎黄集团胜利而告终。

阪泉之战、涿鹿之战都反映了原始社会末期向阶级社会过渡时的战争的频繁与残酷。黄帝集团两次战胜后，势力大盛，于是天下有不服者，黄帝就出兵征战，"东至于海，登丸山，及岱宗。西至于空桐，登鸡头。南至于江，登熊、湘。北逐荤粥，合符釜山，而邑于涿鹿之阿。迁徙往来无常处，以师兵为营卫。官名皆以云命为云师。置左右大监，监于万国。"（《史记·五帝本纪》）虽然这个记载未免有所夸大，但黄帝部落联盟的强盛是可信的。

对于黄帝与炎帝及其他部落集团进行的战争必须进行辩证的分析。一方面，战争是残酷的；另一方面，战争则是新世界的催生婆，它促进了国家和民族的形成。以黄帝为首的部落集团通过一系列战争，将黄河流域的诸多氏族部落联为一体，推动了各地区文化的交流，促进了生产力的发展。黄河中下游的龙山文化虽渊源不同，其结果却殊途同归，这反映了黄帝的首创之功，而长江中下游则始终未能达到这一融合，这不能不说是由于缺乏一位黄帝的缘故。由于黄帝征战足迹遍及四方，大大超越了黄河流域，所以又有黄帝是北狄、犬戎的先祖的传说。北狄、犬戎等将黄帝奉为本民族的祖先，反映了黄帝在促进民族形成方面也功不可没。

孔子曾说："黄帝，少典之子也，曰轩辕。生而神灵，弱而成言，幼而慧齐，长而敦敏，成而聪明。冶五气，设五量。抚万民，度四方。……生而民得其利百年，死而民畏其神百年，亡而民用其教百年，故曰三百年。"（《大戴礼·五帝德》）黄帝作为一个部落联盟的酋长，死后备受尊崇，被称为"人文初祖"，在他的身上，显然已产生了我们民族精神的某种成分。这种民族精神经过黄帝以后的部落酋长们的丰富发展，在民族形成中产生了巨大的凝聚力。

传说中的五帝除黄帝外，还有颛顼、喾、尧、舜。他们都是黄帝的后代，在黄帝建立的中原部落联盟中，他们占据着主导地位，几乎一直控制着酋长职位。

颛顼属高阳氏部落。据说他是在少皞氏抚养下长大的。而少皞氏居住在今山东曲阜一带，以凤鸟为图腾，有嬴、偃、己等姓，原属东方部落联盟。颛顼在与东方部落保持友好关系的同时，又以西方部落的伯夷父为师。由于他善于处理各部落间的关系，正确对待被征服部落，从而成为黄帝以后的一位杰出人物。《大戴礼·五帝德》说他"乘龙而至四海，北至于幽陵，南至于交趾，西济于流沙，东至于蟠木。动静之物，大小之神，日月所照，莫不砥砺"。这里夹杂着神话和夸张的成分，但颛顼时代的影响大概超过了黄帝时代。

喾又称帝喾，属高辛氏部落。据说他博施恩惠于他人，而不顾及自身。"顺天之义，知民之意。仁而威，惠而信，修身而天下服，取地之财而节用之，抚教万民而利诲之。"(《大戴礼·五帝德》）这里虽带上了儒家美化色彩，但仍可看出历史的痕迹。《礼记·祭法》又云："帝喾能序星辰以著众。"所谓"能序星辰"以"著众"，指帝喾善于治历明时，教民稼穑而安。帝喾时，与其他部落关系进一步发展。帝喾有四个妻子：一是有邰氏之女，叫姜嫄，生稷，即周族始祖，姜嫄出于西羌，是西方氏族部落之女；二是有娀氏之女，叫简狄，即商族的女始祖，生契。娀，就是戎，又以"狄"为名，当是北方氏族部落之女。三是陈锋氏之女，叫庆都，即尧的母亲。"锋"通"风"，是东方氏族部落诸姓之一。四是娵訾氏之女，叫常仪，生子挚，娵訾亦出羌姓。尽管喾与周、商诸族关系难以确辨，但黄帝氏族用联姻的方式与周围氏族部落和被征服部落保持友好关系是可以确信的。

黄帝部落采用联姻来建立部落联盟，说明在黄帝部落联盟里，以黄帝集团为主体，其他部落集团仍以一种较平等的方式存在，也不排除他们的后裔担任部落联盟酋长的可能性。如传说中的共工与颛顼争帝之战，共工怒而触不周之山，造成天地倾斜，江水东流。共工是炎帝的后代。这个神话说明：炎帝部落虽被征服，但实力仍有所保存，因而共工能起而称帝。在黄帝部落联盟中还先后发生了东方九黎部落和西方氏族部落集团的战争。

尧，名放勋，属陶唐氏部落。在发展中原部落联盟方面，他的功绩超过前代。他"克明俊德，以亲九族，九族既睦，平章百姓。百姓昭明，协和万邦"。

（《尚书·尧典》）这就是说，他提倡美德，团结本氏族部落，又调整部落联盟内部众多部落间关系。尧还命羲和掌管天象时历，又"分命"羲仲、羲叔、和仲、和叔掌管东南西北四方事务。所谓四方"分命"表明那时部落和部落集团规模进一步扩大，联系进一步加强，当时大概已出现以尧部落或部落集团居住区为中心的观念。尧时，自然灾害很严重，先后出现了旱灾、兽害、水灾。尧领导人民同自然灾害作斗争。他派后羿斩杀怪兽，平定兽害，又任命鲧治水。就这样，各部落联盟在大规模共同抗御天灾人祸的斗争中发挥了巨大作用，增强了凝聚力量，部落联盟的领袖尧也因此提高了自己的威望。

舜属有虞氏部落（或说舜是东夷人）。据说其祖上从穷蝉起就"微为庶人"。舜是一个瞎老头的儿子，其父无德，其母愚昧，其弟傲慢，而他始终以孝悌之道与他们相处，使他们改过自新，不致作恶。舜的品德赢得了大家的尊敬，一致推举他接替尧的职位。舜即位后，不负众望，任用禹主持治水，大获成功，平息了泛滥多年的水灾，安定了人民生活。他又任用皋陶、伯夷、垂、益等贤人管理氏族公共事务。舜治理部落联盟时采用极其强硬的手段处理了"四罪"、"四凶"。"四罪"包括荐人不力的驩兜，行为不端的共工，治水无功的鲧和在江淮为乱的三苗。舜将他们分别流放于崇山（今湖南沣县南）、幽州、羽山（今山东郯城东北），三危（山名，今甘肃敦煌县东）。"四凶"名为"浑沌"、"饕餮"、"穷奇"、"梼杌"，他们是部落联盟贵族的后代，行为不端，所以也被流放至边远地区。这样，舜一方面任用众辅治理天下，一方面处罚不端者。在他统治时，"方五千里，至于荒服。南抚交趾、北发、西戎、析枝、渠廋、氐、羌、北山戎、发、息慎、东长、岛夷，四海之内，咸戴帝舜之功"（《史记·五帝本纪》），显示出一派雍容和煦的大国气象。这说明，当时的部落联盟确在发展壮大，生产力得到迅速发展，与周边各部落关系也日益密切。

禹是治水失败的罪人鲧之子。鲧号"崇伯"，实即崇地（今河南登封县嵩山地区）部落酋长，他因治水不成而被舜流放。后来禹又被推举主持治水。他劳身焦思，兢兢业业，居外13年，三过家门而不入。他踏勘山川，立木为记，各地都留下了他奔波的足迹。他动员各部落民众，具体安排工程事宜，并身先民众，带头苦干。在治水方法上，他善于总结前人经验教训，采取疏导的方法，终于制伏了洪水。墨子赞扬他亲操槁耜，栉风沐雨，治理洪水，以致身上的汗毛都被磨光。禹为天下人奋不顾身，被誉为大圣人。他还关心人民疾苦，给受灾部落送去食物和种子，赢得了民众的尊重和爱戴。禹通过治水，"通四夷九州"，"置万国"，说明治理洪水这项浩大的工程，将各地区部落更紧密地联系起来。

远古时代流传下来的瑰丽神奇的神话传说反映的历史现实是：原始社会末期，中原炎黄部落率先以战争与联姻等方式确立了一个强大的中原部落联盟，接着又通过一系列的战争与对抗自然灾害的斗争，进一步扩大了这个联盟的规模。在此过程中，我们民族精神的重要成分，如关心人民疾苦、勤劳勇敢、开拓进取等优秀品质逐步形成，并且成为吸引周边部落的精神泉源。可以说，在神话传说中，我们已隐约能看到早期民族形成的身影。早期民族是戴着氏族部落的面具出现的，但无疑面具后的内容已发生了某些变化。华夏、蛮夷戎狄等标志族称的观念逐步形成，尽管最初是基于地理相对位置而产生。

狄蛮戎夷是中原部落联盟对周边众多氏族部落的泛称，而夷为其总称，是谓"四夷"。颛顼曾经以伯夷父为师，"夷父"意即"夷人"，可知夷的名称已出现。舜的司空则名伯夷。根据《山海经》记载，伯夷的后代称氏羌，则羌之称稍后也有了。帝喾的一位妻子是有娀氏之女，娀者在戎也，戎名是从有娀氏族而来。关于狄，《墨子》记："尧北教乎八狄，道死，葬蛩山之阴。"可见，狄是中原对蛩山一带八个氏族部落的泛称。《尚书·尧典》则说："蛮夷率服"，又说"蛮夷猾夏"。其意为，蛮夷相继来服又扰乱华夏。总之，四夷名称逐渐出现，而中原部落联盟也逐渐出现夏的新名称。后来的华夏族与夏王朝应当是源于中原部落联盟这个新名称。

华夏部落集团，准确地说，应是炎黄部落集团。它最早由炎黄部落集团联合而成。炎黄集团同出于少典氏，在文化上具有相通性，如他们的氏族部落都流行鱼龙天兽的图腾崇拜。这也是两个氏族部落通过一次战争迅速融合的原因。同时，他们所在地区自然条件的优越，决定了这个氏族部落联盟的强大。在炎黄集团部落联盟中，黄帝集团占主导地位，这与黄帝集团内部迅速发展有关。传说黄帝有25子，14子得姓，大概即指其内部分化，出现了更多的氏族。

东夷部落集团居住在今山东、河南东部和淮河南北一带。蚩尤所属的九黎应是东夷部落集团，此外主要还有太皞和少皞氏，他们大致与炎黄同时。太皞氏部落"蛇身人首"，实际指其以龙为图腾，属风姓。太皞氏属于"太皞之墟"的陈（今河南淮阳）一带。直到春秋，在今山东境内还有太皞氏后裔任、宿、须句、颛臾等4个风姓部落存在。少皞氏则是以鸟为图腾的部落联盟，有凤鸟氏、玄鸟氏、伯赵氏、青鸟氏、丹鸟氏、祝鸠氏等氏族部落。少皞氏的后裔重、该、脩、熙分别在金、木、水方面有专长，说明少皞氏生产力水平较高。一般认为，黄河下游的大汶口文化、青莲岗文化和龙山文化为太皞、少皞集团所创，这反映出他们的文化水平较发达。自炎黄迁徙于中原，东夷集团很早就与之有了接触，尤其是同炎帝集团，因为后者所居位置偏南，在地域上双方更相近。长期错居杂处，有矛盾与战争，也有联系与融合，这样，东夷集团很早就加入了中原部落集团联盟。舜时，伯夷、皋陶、益与禹同在部落管理公共事务。皋陶与益都是少皞后裔，二人在联盟中有很高的威望。东夷集团加入中原部落联盟，成为后来诸华、诸夏一部分。

苗蛮集团分布在以今湖南、湖北为中心的长江南北地区，左有洞庭之波，右有彭蠡（今鄱阳湖）之水。

"苗"、"蛮"系一音之转，尧舜时称三苗，春秋时称蛮。尧、舜、禹时与属于苗蛮集团的三苗发生了长期战争，三苗虽进行了顽固的抵抗，但终以失败而告终。这场战争很可能是由中原部落联盟向南扩张而引起的。尧将三苗的一部分流放到西北，将三苗首领驩兜流放到崇山。以后，三苗逐渐衰落了，夏、商、周以后，便很少再看到有关三苗、有苗、苗民的族属记载。

 **诸夏和诸戎**

从严格意义上说，西周春秋时形成的华夏族是我国最早的民族。华夏族是在夏、商、周等中原部落联盟的基础上发展起来的，是中原部落联盟与戎、夷、蛮、狄等氏族部落融合的结果。

恩格斯指出："从部落发展成了民族和国家。"（《马克思恩格斯选集》第 4 卷，人民出版社，1972，第 515 页）在部落联盟基础上发展起来的华夏族已经不是血缘的组合，不是处于原始社会，而是突破了血缘关系造成的隔绝状态，形成了在共同的地域条件下共同的语言和共同的文化，并且有了作为民族自觉意识标志的族称——华夏。而非华夏族的人们这时仍滞留在原始社会的氏族部落阶段，还没有形成恩格斯论述中所说的民族。如果我们在下面为了叙述的方便称之为民族，那么是指氏族部落状态的原始民族。

根据考古发掘的新石器时代文化遗址和远古神话

传说所反映的历史现实来看，在原始社会末期，中华大地上已形成了以黄帝集团为主体的中原部落联盟。我们在此已看到了华夏民族早期萌芽的某些因子，经夏、商、周三代，它终于长成了一株幼苗。夏、商、周三代应属于历史上的早期国家阶段，社会已有阶级分化，氏族部落内部出现贵族显贵家族，也有了奴隶和依附民；王的地位已经突出，有了王廷和群僚；但氏族部落组织仍是社会的组成单位。它是由氏族部落向真正意义的国家的过渡，它逐步远离氏族社会，逐步接近国家。

夏原为地名，据考证在今河南禹县。禹继舜担任部落酋长后，权力逐渐扩大。他在涂山大会"诸侯"，与会者有"万国之众"，"万国"之"国"，还是指部落，并非国家。大约公元前 21 世纪，禹子启继禹担任部落酋长，始称夏后氏。这表明，禹的氏族已世袭了部落酋长职务。

在夏后氏的部落联盟里，有着众多的氏族，如有扈氏、有男氏、斟寻氏、彤城氏、褒氏、费氏、杞氏、缯氏、辛氏、冥氏、斟戈氏等。启以本氏族为靠山，使用武力夺取部落联盟酋长之位，引起了其他氏族的不满。强有力的有扈氏首先起来反抗，启兴兵讨伐，与有扈氏大战于甘，消灭了有扈氏。启死后，东夷有穷氏的羿乘夏后氏衰落之际，赶走启的长子太康、次子仲康，二人后来下落不明。仲康之子相投奔斟灌氏和斟寻氏，又被羿的部下寒浞追杀。相妻身怀六甲，幸从狗洞仓皇爬出，回到娘家有仍氏，生下了少康。

少康长大后，在有仍氏充当管理畜牧的"牧正"。寒浞之子浇又派人捕捉少康，少康逃往有虞氏，后来在有虞氏的帮助下，搜罗夏余部，夺回部落联盟酋长之位。在这场角逐部落联盟酋长的斗争中，无论是炎黄后裔，还是东夷部落，都被卷入进去。

商祖契与夏祖禹为同时代人，商的活动范围最初一直在东方的渤海沿岸，而后才辗转南下。当它的第三代酋长相土出现在黄河流域的商（今河南商丘）以后，这个部落才以商为名称。商多次迁徙，从始祖契到第14代汤共迁徙了8次，曾经迁徙到殷地（今河南安阳），故殷成为他们部落的新名称。汤担任酋长时，商又迁回商地附近的亳（今河南商丘北）。商汤灭夏后，担任部落联盟的酋长，这时社会基本构架仍是氏族部落。在商代甲骨文中，可以看到200多个氏族名称。根据史书记载，"大禹之时，诸侯万国"，"及汤之时，诸侯三千"，所以周人克商后，分封商遗民给诸侯是以氏族为单位的。

商代战火四起，战争的范围大大超过了夏代，其中既有内部权力之争，更多的则是对外征服。商人已有"中"和"四方"的概念，自称居中，称殷都为"中商"、"大邑商"；而称部落联盟以外的其他氏族部落为"方"，自夸"商邑翼翼，四方之极（商都繁盛整齐，是四方的榜样）"。甲骨文中留下了商人征战四方的大量记录。武丁时，商对北部和西北部的土方、舌方、鬼方连连发兵攻击，对土方、舌方用兵都达5000人，打鬼方打了3年才取得胜利。对西部羌方的战争，商出兵多达数万人，使"自彼氐羌，莫敢不来享，莫敢不来王（氐羌没有敢不来进献、朝王的）"。东部夷人被称作"夷方"、"人方"、"尸方"，他们中一部分人早已融入中原部落联盟，但仍有部分未宾服，所以商人又屡屡出兵征伐。南方有荆楚部落，《诗经·商颂》记载："挞彼殷武，奋伐荆楚。深入其阻，裒荆之旅，有截有所，汤孙之绪（殷王武丁奋发威力讨伐荆楚。深入其险阻，擒俘其士卒，征服其领域）。"

无论是夏商，还是后来的周，在这些早期部落国家阶段，一个显著的特征就是部落间频繁的战争。战争成为民族与国家的催生婆。夏商鸣条之战，商周牧野之战，就是商、周的首领率领氏族部落除旧布新，重新获得部落联盟首领权力的斗争。在战争中，原来氏族部落间以血缘为纽带，彼此不相交往，缺乏经济、文化交流的封闭状态被打破了。商人原居于东方，周人原居于西方，他们成为中原共主后，无疑是中原与周边文化的一次融合。另外，夏、商、周都进行了频繁的对外征而服的战争，进一步促进了中原与四方的融合。这样，战争成为部落间接触的特殊手段，促使各部落在生产方式、生活方式、语言文字，风俗习惯以及心理素质等方面渐趋一致。

在夏、商、周时期，除氏族部落间频繁的战争以外，促进华夏族诞生的又一关键因素则是西周初年实行的分封制，它是华夏族形成的重要一步。

周与商是同样古老的部落，兴起于今陕西西安以北，西至甘肃东部一带。古公亶父为酋长时，为避戎狄薰育（即獫狁）部落的攻击，从豳迁徙到岐山下的周原（今陕西岐山县）。"周原朊朊，堇荼如饴"（《诗经·商颂》），意即周原土地肥沃，野菜甘美如饴，周因而成了他们的部落名称。他们在这片黄土地上辛勤耕耘，很快成为商西部一个新兴部落。古公亶父之子季历相继征伐"西落鬼戎"，"余无之戎"，"始呼之戎"，"翳徒之戎"等戎狄部落，势力已与商相近。商末，周成为商部落联盟的重要成员，季历之子姬昌以部落酋长的身份在联盟中担任要职。商纣王猜忌姬昌，把他关在羑里。后来姬昌幸得脱身回到周原，是为周文王。从此周走上了与商对抗的道路。

周文王消灭了大戎、密须、耆、于和崇地（今河南嵩山附近）等部落，为灭商扫清了道路。文王子武王姬发继位后，在孟津（今河南孟津县西南）大会诸侯，建立新的联盟，参加部落有 800 个。两年后，武王率领部落联盟士众，联合西南的庸、蜀、羌、髳、微、彭、濮等族在牧野（今河南新乡市北）大败商军，进而进军商都朝歌（今河南淇县），商纣王自焚而死。

周虽然灭了商，但商人的势力仍很大。为了加强对商地的统治，防止可能出现的反抗，周实行分封制。所谓"分封制"，其实质是"授民授疆土"（《大盂鼎铭文》），由周王派遣诸侯（主要是周室王族子弟）带领本氏族民众到规定地区，同时分给殷遗民和该地区原来的氏族部落。周分封前后持续了很长时间，主要的有两次：一次是周初立国时，另一次是周公东征，平定商人叛乱后。"周之所封四百余，服国八百余。"

（《吕氏春秋·观世》）所谓服国，就是因臣服而保留下来的氏族部落。当时的一些主要诸侯国，如武王弟卫君康叔，属下有殷遗民7族；周公子鲁君伯禽，分有殷遗民6族；齐君姜尚，属下是东夷蒲姑氏部落；商纣王兄微子启则被封为宋君，安抚殷旧民。

分封制是殷周之际的一大政治变化，它对民族与国家的形成产生了深远的影响。首先，它体现了王的权力的扩大，周代天子之于诸侯已由"诸侯之长"一跃而为"诸侯之君"，凌驾于诸侯之上了。其次分封制加深了被征服部落的不平等地位，以强制手段割裂氏族血缘关系。各诸侯王受封的人口往往由本氏族、受封地氏族部落和殷遗民组成。最初他们之间或许是壁垒分明的，如周人居住在"国"（即城邑）和近郊，而被征服者则居住在郊外的"野"（或称鄙）。需要说明的是，被征服的殷民和其他氏族部落并不是奴隶，他们只是成为姬姓诸侯政治上的臣属，但仍保持其宗族并统领着过去的臣属。随着时光的流逝，原来的征服者与被征服者之间的恩恩怨怨已烟消云散，取而代之的是共同劳动中建立的友谊与融合。春秋时期的郑国大臣子产曾回忆其先君桓公和商人均受周王分封，他们并肩耕耘，披荆斩棘，开垦土地，共同居住在一起，立下誓言，世代信任。可以说，这种开始以地域为特征的人们的共同体，已具备了民族的某些因素。

西周时期，华夏族称正式出现，它是以中原部落联盟为基础，经夏、商、周三代发展而形成。周克商后，将自己的统治区称为"夏"。"夏"，大也。故大国曰夏。"华夏，谓大国也。"（《十三经注疏》）。《说文》则说："夏，中国人也。"周称统治区为夏，于是诸侯国就称"诸夏"。"华"与"夏"义同，故又称诸侯国为"诸华"。华夏族是这样的一个人们的共同体，它是由炎黄后裔为主体的中原部落联盟发展而来，在地域上以"中国"自居，与周边戎夷蛮狄区分开来。他们主要从事农业，在中原地区较早地开始了农业生产，创造了比较先进的生产力。在文化上，他们视炎黄为共同的祖先，体现了强烈的民族自觉意识，而一个民族只有有了明确、统一的自称，标志其自我意识的成熟，这个民族共同体才算是最终形成了。

华夏族是兼并和融合了许多非华夏族的氏族部落而形成的，同"诸夏"相对举，其他未被融合的氏族部落即"诸戎"。它们分布在华夏周围，形如"犬牙交错"。大体而言，西方有犬戎、骊戎、允姓之戎、陆浑之戎、茅戎等戎族，北方有赤狄、白狄、长狄、北戎、山戎、无终诸戎族，南方有卢戎、群蛮、百濮、巴等族，东方有淮夷、群舒、介、莱夷、根牟族。中国古代文献一般用戎夷蛮狄统称之。

春秋时期，战乱频仍，烽烟四起。然而就是这个"争地以战，杀人盈野；争城以战，杀人盈城"的特殊阶段对华夏族的发展产生了两大影响：一是郡县制产生，进一步割断氏族血缘纽带而代之以地域组合；二是区域性民族融合中心形成。

周室居于关中，与戎狄相邻，战争不断。自穆王以降，王室衰微。公元前 770 年，平王东迁，这时的周室虽仍保持"天下共主"的称号，但实际权力已转移至诸侯手中。齐、晋、楚、秦等方伯以力相争，弱肉强食。为了增强争霸实力，各国都注重任用贤才，改良政治，其中最重要的一项即地方行政制度的建立。自西周分封诸侯，周人、商人和其他部落的人民长久定居一地，久而久之，部落逐渐离散，族人变成地方居民。由于人口流动、死亡、生育不平衡，各族人口有多有少，按血统以族为单位反而不如以地区为宜整齐划一。但由于各族都是按土定居的，地区编制中心必然仍包含着族的关系。于是包含着血缘关系的村落取代了氏族部落组织。春秋时期的一些诸侯国进一步将这些居民村落组织纳入规范化、法制化道路。突出的如齐。齐桓公任用管仲为相，推行"参其国而伍其鄙"的制度。把国分成21乡，士居15乡，工商共居6乡。把鄙（野）分成邑、卒、乡、县、属，由国君任命官吏直接管理。在此先后，秦、晋、郑等国也都在他们各自境内设县。这是我国历史上最早的地方行政制度。"国"中的人们按身份职业聚居，都、鄙的人都编入"邑"、"卒"等基层单位，而不论其原来的氏族部落。生产力的发展，尤其是铁农具和牛耕的发明，促进了农业的发展，也促使个体家庭从大家庭中分离出来。人口的流动，使不同血缘的人混杂在一起，"国"与"野"的界限逐渐模糊乃至消失了，所以孟子说："在国，曰市井之臣；在野，曰草莽之臣，皆谓庶人。"（《孟子·万章下》）

周室衰弱，齐、晋、楚、秦等诸侯国却通过内部整顿改革，不断发展壮大，它们兼并了周围的小国和氏族部落，形成了地区性的民族融合中心。

齐国在山东北部，南邻鲁国，四周还有纪、莱、莒、阳、遂、谭、郕等夷夏小国。齐桓公在管仲辅佐下，打出"尊王攘夷"旗号，击败了北狄和戎人，援救邢、卫、燕诸国，一方面扮演了扶危济困的角色，一方面乘机吞并了数十个小国和部落。山东半岛上的东夷诸部都并入齐国，从传说时代一直活跃着的东夷从此融合到华夏中了。

晋国在山西西南，与赤狄、白狄、姜戎的许多部落错居。晋献公时，"并国十七，服国三十八"，但狄族仍很强盛，乘晋国内乱多次进犯。赤狄压迫众狄，晋不失时机地利用他们之间的矛盾，笼络众狄，先后攻灭赤狄潞氏、甲氏、留吁、铎辰等部。晋文公取威定霸，颇得力于姜戎。晋悼公又采用魏绛的建议，实行"和戎"政策，与诸戎结盟。这不仅使晋国九合诸侯，再做霸主，而且推动了戎夏的友好往来。姜戎首领驹支说："自从晋惠公以来，晋国数以百计的战役，诸戎都相继参与，听从指挥，保持淆之战时的斗志，不敢袖手旁观或从中作梗。"这说明姜戎实际上成为晋国政治实体中的一个组成部分。

楚国熊绎在周成王时受封于丹阳（今湖北秭归），本不属于诸夏，所以向来以蛮夷自居，楚成王便明确宣称自己是"蛮夷"。楚原来国力较弱，周围"群蛮"、"百濮"的文化发展程度也较低。楚由蛮夷而为华夏的关键时期是楚庄王时。由于经济发展，军事实力也增强，许多蛮族部落被征服，蛮人成为楚军重要组成部分，几乎统一了整个中国。楚人北上争雄，灭邓、申、息黄，攻陈、宋、蔡，东向灭群舒、弦，伐徐。至楚庄王，"并国二十六，开地三千里"。楚人已自视为华夏一部分，如庄王派士亹去教育太子，士亹表示对太子没有信心，对庄王说，有的人不可以教育，如同"蛮夷戎狄，其不宾也久矣，中国所不能用也"（《国语·楚语》）。可见，楚人已自认为"中国"，站在华夏立场上指责蛮夷戎狄，而诸夏也将楚视做"戎狄进至于爵"而接受，尽管双方仍存在一定差异，但不过是同一民族内部的地区差异。

秦是周孝王时封于秦（今甘肃清水东北）的附庸小国，处戎狄之地，最初也被视为戎狄。秦襄公护送周平王东迁有功，秦才被列入诸侯，获赐岐山以西之地。岐山乃周原旧址，农业发达，秦至此深受华夏文化影响。关中遍布戎狄部落，秦战胜犬戎后站住了脚跟逐步发展起来。至秦缪公，"用由余谋伐戎王，益国十二，开地千里，遂霸西戎"。戎王曾派由余出使秦国，秦缪公问他："中国以诗书礼乐法度为政，然尚时乱，今戎夷无此，何以为治，不亦难乎？"可知秦人也是以华夏自居了。

战国时期，华夏族逐渐走向统一。非华夏族不是融合于华夏族，就是迁徙到周边地区，民族分布形成了"内华夏而外夷狄"的格局。

齐、楚、燕、韩、赵、魏、秦是七个大国，此外还存在越、宋、鲁、邹、滕、蔡、陈、杞、邾、莒、郯、郑、卫、中山和蜀等小国，他们都陆续为这些大国所灭，而七国和诸多已被其吞并的小国，大多属华夏族和已变为华夏族的小国，居于内陆腹地。在周边地区分布着戎夷蛮狄少数民族。北方主要有匈奴、东胡、貊、林胡、楼烦及戎等。值得一提的是战国晚期匈奴的崛起，与北方赵、燕等国不断发生战争，燕、赵、秦都在北边筑有长城，以抵御匈奴来自塞外的进攻。西方自秦征服诸戎后，羌戎被迫向西向南迁徙，它们就是后来的河西、武都、越嶲、广汉诸羌。在南方，属于越族的吴越国先后崛起，但又相继灭亡。由于越族支系繁多，有许多散居于今浙江、福建、江西及湖南南部的山野、滨海地区，其中部分成为汉魏以后的山越祖先。战国时形成的华夏族的统一和"内华夏而外夷狄"格局的形成体现了历史的必然。由于这一时期农业的发展，促进了手工业和商业的发展，当时出现了许多都市，如齐国临淄、赵国邯郸、楚国郢等。在此基础上，诸夏各国统治者为增强实力，纷纷尚贤任能，掀起了大规模改革的浪潮，主要的有魏国李悝、楚国吴起变法，最突出的则是秦国商鞅变法，使秦一跃而成为西方强国。同时，经济发展、政治革新也掀起了文化发展高潮。在战国时"百家争鸣"的局面中，华夏民族的思想文化、科学技术成果丰硕，成为古代史上不可多得的黄金时期。这样，由于华夏族的同一性得到空前加强，从而成为最先进的民族，也成为民族统一的核心力量所在。

正是在这种客观的历史条件下，人们的民族意识也得到了前所未有的强化。首先，人们要求建立民族统一国家，如孟子提出了"定于一"，荀子提出了"天下为一，诸侯为臣"的主张。在战国诸文献中，渗透着强烈的认同意识，他们相信共同拥有一个老祖宗，上自炎黄，下自禹、契、稷，排列成长幼有序、次第分明的世系。秦、楚和远在东南的越则都以颛顼和夏禹为先祖。荀子还提出要用礼来凝聚士，用政令来凝聚民众，加强华夏族的统一。《尚书·禹贡》则打破当时诸侯国界，划分"天下"为"九州"，又根据各州民族远近和民族特点划分为"五服"，从而确定了根据民族特点来进行管辖的政治理想。

但是，由于经济、风俗习惯等不同，民族的差别也是显而易见的。《礼记·王制》说："中国戎夷，五方之民，皆有性也，不可推移。东方曰夷，被发文身，有不火食者矣；南方曰蛮，雕题交趾，有不火食者矣；西方曰戎，被发衣皮，有不粒食者矣；北方曰狄，衣羽毛穴居，有不粒食者矣。中国、夷、蛮、戎、狄皆有安居、和味、宜服，利用、备器。五方之民，言语不通，嗜欲不同。"不同民族的产生也就相应地产生了各自的民族观。早期民族观强调"夷夏之防"，但又以族类与文化并重。孔子作《春秋》提出，"用夷变夏者夷之，夷而进至中国则中国之"。春秋晚叶至战国时民族观的演进，也反映了民族融合的历史大趋势，这为秦汉以后统一多民族国家的发展奠定了坚实的历史基础。

# 二　多民族统一国家的建立

＊秦始皇实现统一和建立一整套制度对中华民族的贡献功不可没，而巩固和发展多民族统一国家的使命则落在汉皇朝身上。

＊强大昌盛的汉皇朝给予我国主体民族——汉族的族称。

＊经过魏晋南北朝的民族大融合，至唐皇朝形成了更多民族、更大规模的统一，出现了"胡越一家"、"天下一家"的鼎盛局面。

##  从华夏族到汉族

公元前221年，是中国历史上具有划时代意义的一年。秦始皇兼并六国，建立了中国历史上第一个中央集权的统一的多民族国家。然而，秦朝的暴政，使它如昙花一现，二世而亡。但继之而起的汉朝，更为强大，不仅保存了秦始皇创建的伟大的历史成果，而且进一步发扬光大。两汉绵延400余年，对我国民族的发展产生了深远的影响。先秦时，我国已经形成了华夏族，但由于战国纷争，"分为七国，田畴异亩，车途异轨，律令异法，衣冠异制，言语异声，文字异形"（《说文解字·序》）。可见诸夏之间地区的差异十分明显。由于秦汉两个多民族的统一国家的建立，不断地缩小乃至消弭这种差异，并直接促进了华夏族向汉族的转化。

秦始皇担当起国家与民族统一的重任，不仅完成了统一大业，而且在政治、经济、文化等方面为巩固统一做了大量的工作。

在政治上，秦始皇实行中央集权制，设置三公、九卿，形成比较完善的中枢机构；他废除分封制，在地方上全面推行郡县制，郡守和县令、县长由中央直接任命；他还颁布统一的法律。秦初全国分为 36 郡，后来随着疆土的逐渐拓展，至秦末已经增加到 48 郡，其疆域东起辽东，西至陇西，北抵长城，南达南海。东南沿海和岭南地区的诸越族这时也进入了中华民族的大家庭。秦始皇的这些措施，有力地摧毁了各地区之间的藩篱，为形成中华民族的共同地域、为秦以后国家的统一和各民族的融合奠定了政治上的基础。

在经济上，秦始皇确立以农为本的国策，统一货币和度量衡，修筑了四通八达的道路，实现了"车同轨"。这些政策措施加深了各地区、各民族之间的经济联系，形成了全国共同的经济生活。他还推行"使黔首自实田"，承认小农对土地的占有，促进小农经济的活跃。秦始皇虽然限制工商等"末业"，但货币、度量衡的统一和交通的发达，客观上还是有利于商品流通及贸易发展的。

在文化上，秦始皇以秦国的文字为基础，对列国文字进行整理和加工，规定以秦小篆为统一书体，而除重要文书外，一般使用隶书。我国地域辽阔，星罗棋布的氏族部落操着不同的方言，统一的文字成为他们交流思想、积累文化、传播文化的载体和工具。文字的统一，对形成共同文化和共同文化基础上的共同心理素质，对民族的维系和稳定，具有特殊的作用。同时，秦始皇也尝试统一思想，实行"以吏为师"，并大举"焚书坑儒"，但终以失败而告终。

总之，从民族的四要素即共同语言、共同地域、共同的经济生活和共同文化及共同文化基础上的共同心理素质诸方面考察，秦始皇实现统一和建立一整套的制度对中华民族的贡献是前无古人的。然而，由于秦皇朝短命而亡，巩固与发展多民族统一国家伟大成果的历史使命便落到汉皇朝统治者的身上。

公元前202年，刘邦在楚汉之争中获得了胜利，建立了西汉。西汉初年，人口锐减，经济遭到极大破坏。"户口可得而数者十二三。"（《史记·高祖功臣侯者年表序》）"民无盖藏，自天子不能具纯驷，将相或乘牛车。"（《汉书·食货志》）统治者汲取了亡秦的教训，与民休息，致力于恢复和发展生产，医治战争的创伤。汉文帝实行劝课农桑、轻徭薄赋、减轻刑罚的政策，他在劝农诏书上说："农，天之大本也，民所恃以生也。而民或不务本而事末，故生不遂，朕忧其然，故今兹亲率群臣农以劝之。"汉景帝继续推行文帝的既定政策，于是社会经济逐渐发展繁荣，出现了"文景之治"的盛况。《史记·平准书》称："汉兴七十余年之间，国家无事，非遇水旱之灾，民则人给家足，都鄙廪庾皆满，而府库余货财。京师之钱累巨万，贯朽而不可校。太仓之粟陈陈相因，充溢露积于外，至腐败不可食。众庶街巷有马，阡陌之间成群。"由于国家大政方针基本正确，社会稳定，人民生活安定，西汉的生产力发展很快，社会经济大踏步前进。

汉武帝即位后，实行了一系列有利于统一的措施。他进一步削弱诸侯王，发布推恩令，把一些较大的诸侯国分成若干小诸侯国，又以种种借口加以削除，最终解决了不利于统一的分封问题。为加强对地方官吏和豪强的监督，汉武帝还把全国划分为 13 个称为州部的监察区，各设刺史 1 人，定期巡察，纠劾不法。在经济方面，汉武帝把铸造货币的权力收归于中央，统一发行五铢钱；设立盐官、铁官，实行盐铁专卖政策。这时，社会生产力发展较快，铁器农具的使用更加普遍，耕作技术也有显著进步，整修和兴建了著名的郑国渠、白渠等水利工程，西汉的国力进入鼎盛时期，"天下殷富，财力有余，士马强盛"（《汉书·西域传》）。

为了制止匈奴一再南下侵扰掠夺缘边郡县，汉武帝决定进行反击战。公元前 133 年，汉武帝派兵在马邑伏击，揭开了西汉抗击匈奴的序幕。之后，汉武帝派遣卫青、霍去病等名将三次出兵，北逐匈奴。

公元前 127 年，当匈奴入上谷、渔阳时，卫青率领大军从云中出击，进攻"河南地"（即河套地区），打败匈奴楼烦王、白羊王部，夺得牛羊100多万头。汉在当地设置了五原郡和朔方郡，迁去民众10万人。公元前121年，霍去病率领精锐骑兵几万人两次从陇西出击，一次越过燕支山1000多里，击败了匈奴休屠王、浑邪王部，缴获了休屠王的祭天金人，两部投降后被安置在黄河南缘汉边境5郡塞外的"五属国"；另一次越过了居延泽，攻到祁连山，胜利后汉朝在河西地区设置了武威、酒泉、张掖、敦煌4郡。公元前119年发动的战役，是一次规模最大的战役。当时，匈奴仍然不断地攻击右北平、定襄等郡，汉军于是远征漠北。大将军卫青和骠骑将军霍去病分别统领5万骑兵，分道捕捉匈奴主力。卫青出定襄1000余里，与匈奴单于接战，以两翼包抄的战术，大获全胜，匈奴单于只带着几百人逃走。霍去病出代郡2000余里，与匈奴左贤王接战，也取得重大胜利。这次战役，双方都付出了沉重的代价，匈奴死伤八九万人，汉军也伤亡数万人，损失战马10多万匹。汉武帝进行自卫反击，固然是正义的，维护了汉族先进文化，保卫了汉朝边境人民的生命财产的安全。但是，汉军的远征，严重破坏了匈奴人民的牧业生产，也给匈奴人民造成巨大的损失。在汉匈战争问题上，伟大的历史学家司马迁既反对匈奴对汉地的侵扰，也反对汉朝对匈奴牧地的侵夺。他身当汉武帝之朝，敢于批评汉武帝的民族政策，尽管批评是委婉其辞的。对此，白寿彝先生说得好："司马迁死后两千多年的悠久岁月，在汉与匈奴的问题上，

很少人能像他这样看。"（白寿彝主编《中国通史》，第一卷《导论》，上海人民出版社，1989，第11～12页）

北击匈奴的前后，汉武帝还接连在南北拓展疆域。公元前111年，派路博德、杨仆领兵进攻自秦末以来割据岭南的南越国。10万大军迅即破番禺（今广东广州），灭南越，划其地为儋耳、珠崖、南海、苍梧、郁林、合浦、交趾（今越南河内）、九真（今越南清化）、日南（今越南中部）9郡。公元前130年，汉武帝派唐蒙和司马相如出使西南，设置犍为、越巂、牂牁、沈黎、汶山5郡，后来灭滇国，增设益州郡。公元前108年，汉武帝又在东北设立了乐浪（今朝鲜平壤）、临屯（今韩国江陵）、玄菟（今朝鲜咸兴）和真番（今朝鲜黄海水道）4郡。

汉武帝以后，由于大规模出兵征战，国力渐衰，开始走下坡路。但是，西汉的疆域仍有所发展。汉宣帝时加强对西域的控制，于公元前68年，置护鄯善以西使者，护西域南道；又于公元前60年，设西域都护，节制西域诸邦，使西域正式进入西汉的版图。这样，西起河西走廊，东至辽东，南至海南岛，西南至云贵高原皆列地为郡县。东汉以后，边疆开拓虽不如西汉突出，但周边地区的屯垦仍在经常进行。所以，两汉的疆域大大超过了秦朝。

汉代拓展疆域扩大了华夏族的共同地域，先进的农业、手工业生产技术也随之传播到全国各地，扩大了共同经济生活的范围。而更重要、意义更加深远的是，共同文化和共同文化基础上的共同心理素质的确立，使华夏族转变为汉族。

汉代是中华民族传统文化形成的时代。思想文化是一个民族的灵魂，汉族灵魂的缔造，完成于汉代。百花齐放的先秦思想文化，是我国传统文化的源头，儒、道、墨、法、名、阴阳、纵横、杂、农、小说诸家异彩纷呈。后来，秦始皇崇尚法术，焚书坑儒；西汉初标榜黄老，儒道并用。至汉武帝世，董仲舒提出了"独尊儒术"，董仲舒的思想实际上是以儒家思想为基础，吸收了黄老思想、法家思想、阴阳家思想，是一个在更高的阶段上融合了各家思想的更发展了的思想体系。"它否定了法家强调法治、以吏为师、不要文教德治的片面性，吸收了它的集权专制和注重刑、法的思想；否定了黄老消极无为、忽视人的主观能动性的片面性，吸收了它的自然观（如养生之道，元气、精气学说）阴阳刑德思想。它更全面地总结了历史的经验教训，对王道之三纲的理论根据问题，给予了当时所能给予的适应地主阶级根本需要的答案，因而成为地主阶级在全国确立大一统统治以后第一个占统治地位的庞大的全面的思想体系。"（金春峰著《汉代思想史》，中国社会科学出版社，1987，第213页）董仲舒的主张得到了汉武帝的支持，从而造就了一个儒学昌盛的时代。这是儒学在中国历史上占据统治地位的真正起点，是汉族也是中华民族凝聚力的泉源。董仲舒建议在中央设立太学，汉武帝接受了这个建议，在公元前124年诏令丞相公孙弘等廷议，随即设博士弟子员 50 人。于是，中国历史上第一个中央直属大学出现了。稍后，郡国也逐渐设立了学校、学官。太学每年举行考试，成绩优秀者被授予郎中、文学掌故等职。以后太学逐年扩大，博士弟子员也不断增加，至成帝时有 3000 人之多。"自此以来，公卿大夫士吏彬彬多文学之士矣。"（《汉书·儒林传序》）国家不仅承认儒学的地位，而且把修习儒学作为候补官吏的必修课程，又通过学校的形式，加强儒学教育，有力地促进了儒学的发展，使之成为我国传统文化的主要组成部分。

秦、汉两个统一的多民族国家的建立，是统一的多民族的中国的发端。国家和民族虽属于两个不同的范畴，却有着密切的联系。国家是由一定的民族组成的，而国家一旦形成，就以其政权的强制力量，自觉推行诸种消除民族隔阂，促进民族融合的政策。在秦、汉的 400 余年间，由于国家政权的强制力量，战国以来形成的诸夏间的地区联系日益加强，而差异已经大为缩小，并且使华夏族转化为汉族。汉族是从华夏族脱胎而来的，其主体部分是原来的诸夏，又融合进周边的各少数民族。

当然，汉族作为民族的族称是直到南北朝才出现的。最初的"汉人"是指汉朝人，如同"秦人"及后来的"晋人"是指秦朝人和晋朝人。也就是说，当时的"汉"字还不具备族称的意义。但是，我们认为，汉族的族体特征在秦汉时期已经十分明显，虽无汉族之称，却有汉族之体。从这个意义上说，华夏族于汉代转化为汉族的说法并不过分。在汉族这个称谓上，我们也能看到统一国家对民族发展的巨大影响。秦朝声望广被邻邦，但终因国祚不永，而未能出现秦族之称。强大昌盛且国祚长久的汉朝则终于成为我国主体民族的族称。

自东汉末年董卓之乱后，中国历史步入魏晋南北朝时期。魏晋南北朝近 400 年的历史，除西晋实现短期统一外，大都处于分裂割据状态。这是一个动荡的时代，战争频仍，政权迭变，但各民族相互渗透、融合，在经济、政治、文化诸方面引起一系列深刻的变化，汉族在民族融合中继续发展。

魏、吴、蜀三国鼎立时，魏国能够有效地控制内迁的各族，保持社会的稳定；吴国为稳定内部，出兵征服山越，以壮者补充军队，弱者编入民户；蜀国平定南中叛乱的西南夷人，民族关系有所改善，客观上都加快了少数民族地区的开发。

西晋统一全国后，贵族官僚们沉醉于和平景象，迷恋于奢靡生活。统治阶级上层争夺最高权力的斗争不断激化，演成"八王之乱"。"八王之乱"造成的破坏和接连发生的天灾，驱使数以万计的农民四出流浪，漂泊异乡，而内迁的少数民族更是深受其害，于是纷纷举行起义反对西晋的统治，西晋皇朝在阶级斗争和民族斗争的激荡中灭亡了。

其后，南北形成了 270 余年的分裂和对峙的局面：北方是走马灯一般的由各少数民族建立的十六国，南方是南北门阀士族共同扶植司马睿所建立的东晋。接着北方进入北朝时期，拓跋鲜卑建立的北魏统一北方，后北魏又分裂为东魏、北齐和西魏、北周；而南方则进入南朝，出现宋、齐、梁、陈的更替。

从十六国、东晋到南北朝时期，民族融合迈开了大步。在这一期间，包括汉族人民在内的各民族人民付出了沉重的代价，但这个代价终于换来了民族的大融合，换来了历史的进步，换来了我们国家和民族更大的发展。

汉族在民族大融合中补充了新鲜血液，融入汉族的北方少数民族有匈奴、鲜卑、乌桓、丁零、羯、氐、羌等。至隋唐时，匈奴、鲜卑等族称已经成为历史名词了。所以，为《资治通鉴》作注的胡三省说："自隋以后，名扬于时者，代北之子孙十居六七矣，氏族之辨，果何益哉！"融入汉族的南方少数民族，数量也非常多。除越人和西南夷人外，长江流域的蛮人和岭南、梁、益的俚僚，在东晋南朝时期也不断从山谷出居平地，其数量虽然难以统计，但亦相当可观。仅刘宋将领沈庆之伐蛮，就前后俘获 20 余万人。归附北魏的蛮人也有十六七万。这些与汉族混居的少数民族"稍属于中国，皆列为郡县，同为齐人，不复详辩"（《隋书·南蛮传》）。

因此，不管是北方的汉族，还是南方的汉族，都是在与少数民族的混血中发展壮大起来的。这是我国民族发展史上的一个基本特点和优点。

汉族和少数民族在经济文化上的互补性，使实现民族融合后的汉族更加生机勃勃。汉族经济主要是农业经济，农业技术比较先进，生产比较发达，但畜牧业不如少数民族。少数民族融合到汉族中，把汉族原来没有的牲畜引进来，带来了先进的畜牧兽医技术、肉乳制作和毛皮的加工制作方法。胡服、胡饼、胡床等对汉族的衣食住行影响很大。"泰始之后，中国相尚用胡床、貊盘，及为羌煮貊炙，贵人富室，必畜其器，吉享嘉会，皆以为先。太康中，又以毡为绔头及络带袴口。"（《晋书·五行志》）朱熹曾说："后世之服，大抵皆为胡服，如上领衫、靴鞋之属。先王冠服，扫地尽矣。自晋五胡之乱，后来遂相承袭，唐接隋，隋接周，周接北魏。"（《朱子语类》卷九一）

少数民族的语言、文学、艺术极大地丰富了汉族的文化。《颜氏家训·音辞》说："南方水土和柔，其音清举而切诣……北方山川深厚，其音沉浊而讹钝……南染吴、越，北杂夷、虏。"南清北浊的差别，即南方音调轻软，北方音调雄浑。不但语音上如此，文学艺术上也是如此，是两种不同的风格。这两种风格与南北少数民族大有关系，"陈梁旧乐，杂用吴楚之音；周齐旧乐，多涉胡戎之伎"（《隋书·音乐志》），这使汉族文化更加绚丽多彩，为隋唐文化的繁荣准备了条件。

汉族的发展，还表现在汉族的分布更加广泛。在少数民族内迁的同时，汉族向南方大规模迁徙，开始进入闽南、粤东等地区。人口稀少的滇黔岭南，也渐渐被南迁的汉族人民充实起来。中原大乱时，河西和辽东相对稳定，所以也有大量的汉族人口西迁或北迁。汉族的迁徙，虽然在当时是被迫的颠沛流离，是残酷的生离死别，但客观上却改变了汉族的布局，有利于汉族人民与周边少数民族人民的融合，有利于边疆地区的开发，最终也有利于汉族自身的发展。

 ## ② 民族大融合的高潮

如上所述，从华夏族诞生以后，我国古代民族的分布形成了内华夏而外夷狄的格局。继秦而起的汉朝是一个更加强大的统一的多民族的国家，它进一步开拓疆域，把匈奴、乌桓、鲜卑、氐、羌、百越、西南夷的大部分或一部分统一进来，把西域诸族也置于自己政治统治的范围之内。东汉以后，北方的匈奴、羯、氐、羌、鲜卑大规模内迁，北方居民民族成分发生了极大的变化，内华夏而外夷狄的格局被打破了。西晋末年，这些少数民族的酋帅乘机起兵，相继建立了各自的政权，形成少数民族政权与汉族政权南北对峙的形势。其结果，不是各民族在空间上的简单位移，而是文明程度较低的征服民族融合于文明程度较高的被征服民族。

秦汉魏晋南北朝时期，周边分布着许多少数民族，以下略作介绍。

匈奴是北方古老的少数民族，据说是夏后氏的后裔，战国秦汉时在阴山、河套地区游牧。秦始皇统一六国后，派大将蒙恬率兵30万北击匈奴，占领了河套地区，使匈奴不敢南下放牧；又大修长城，把已有的长城连接成为一道雄伟的屏障，这就是东起辽东，西至临洮的万里长城。秦末中原大乱，匈奴却在冒顿单于的统领下迅速发展起来。汉初，匈奴经常骚扰北部边境，汉朝贫弱，汉高帝刘邦被迫与匈奴和亲，每年送给匈奴大批纺织品和粮食，双方关系才有所缓和。

我们知道，汉武帝时国力强盛，多次派兵出击匈奴，匈奴损失惨重，被赶出阴山、河套、燕支山和祁连山等水草丰茂的地区，远遁漠北苦寒之地。匈奴浑邪部和休屠部投降汉朝，被安置在陇西、北地、上郡、朔方、云中5郡的塞外。

迁往漠北的匈奴生产日益萎缩，人口和牲畜大量死亡。雨雪灾害又频繁降临，匈奴中出现了空前的大饥馑，人民及牲畜死去了十分之六七，匈奴社会已经到了崩溃的边缘。此时，原来被匈奴征服的各部落乘机倒戈，乌孙、西域诸国都奋起反抗。外患未已，匈奴内部又发生五单于争立事件，造成分裂的局面。在争立中，呼韩邪单于战败，转而称臣于汉，在汉朝的支持和帮助下，重新统一匈奴各部，汉元帝还把宫女王嫱（字昭君）嫁给了他。从此以后，汉匈友好关系保持了60多年。

东汉初，匈奴内部矛盾又尖锐起来，并且分裂为南北两部。日逐王比和八部大人入居塞内，降附东汉，是为南匈奴；而继续留居在漠北的是北匈奴。北匈奴连年遭遇天灾，丁零等部亦乘机袭击。在内外交困之中，北匈奴单于不得已率领所部迁徙到鄂尔浑以西，以后更远徙中亚而去。

南匈奴内附后，大批的匈奴族人进入了汉朝的缘边诸郡。他们都保留各自的部落组织，但与当地汉族人民朝夕相见，久而久之，双方之间便在语言、生产方式、生活方式、文化和风俗习惯方面发生潜移默化的影响。而在双向影响中，比较先进的一方总是居于主导地位，相对落后的一方必然要被改造、被同化。所以，匈奴族由游牧走向定居的农耕生活就是这样开始的，而由农耕走向汉化是内迁少数民族的一条历史必由之路，虽然这条道路的最后目标是遥远而曲折的。

公元 140 年（东汉永和五年），东汉朝廷因南匈奴发生叛乱，把西河郡治迁到离石（今山西离石），于是南匈奴单于庭也随着迁到离石左国城（今山西离石北），南匈奴部众也都迁进内地了。其中尤以迁进并州为多，汾水流域各地，到处有匈奴人的部落。

东汉末年，南匈奴呼厨泉单于率领部分族众归附曹操，曹操把呼厨泉留在邺城（今河北临漳）为人质，同时把散居于并州的西河、太原、雁门、新兴、上郡和河东6郡的匈奴族众，分为左、右、南、北、中5部，任命匈奴贵族为诸部帅，而又用汉官为司马加以监督。曹操虽对匈奴居住的区域及其上层政治结构作了一些调整，但匈奴的5部仍是以部落为聚居单位，保存着其民族共同体的主要部分。

与匈奴同时内迁的还有羯族。羯族原是西域、中亚的胡人，东汉时被匈奴役使，故被称为匈奴别部。羯族入塞后，其主要部分居住在上党郡武乡羯室（今山西榆社），大多从事农耕。西晋末年，许多羯人被掠卖到山东为奴隶，石勒就是其中的一个，后来他奋起参加反抗西晋的斗争，建立了后赵政权。

当南匈奴南迁、北匈奴西遁时，大漠南北出现的"真空"很快就被鲜卑人所填充了。鲜卑族有两个族源：一个来源于东胡，史称东胡被匈奴打败后，一部分聚于鲜卑山，因而号为鲜卑，又叫东部鲜卑；一个来源于大鲜卑山（即大兴安岭北段，今内蒙古呼伦贝尔市鄂伦春旗境），以拓跋为姓，故号拓跋鲜卑。东部鲜卑从辽东西进，拓跋鲜卑经呼伦池南下，分布在从辽东到河西走廊的广阔地带。公元 2 世纪中叶，鲜卑诸部组建成庞大的部落联盟，推举檀石槐为首领，当时鲜卑"兵马甚盛，南钞汉边，北拒于零，东却夫余，西击乌孙，尽据匈奴故地"（《三国志·魏书·鲜卑传》注引《魏书》）。但这个联盟只是一个暂时的军事联合体，檀石槐一死，联盟随即解体，逐渐形成许多自成一系、独树一帜的鲜卑。东部鲜卑的慕容氏、宇文氏和段氏渐强，他们卷入了西晋末年的动乱。稍后，慕容氏在龙城（今辽宁朝阳）建立燕国，史称前燕。前燕先后吞并了宇文氏和段氏，继而率部南下，以邺城（今河北临漳）为新都。后来，前燕被氐族苻坚的前秦所灭。前秦在淝水之战中惨败，慕容氏又乘机而起，相继在中原建立过后燕、西燕和南燕国。

拓跋鲜卑另外组建成一个新的部落联盟。其酋长拓跋猗卢在西晋末被封为代公，进而称代王，据有泾岭以北（今山西代县西沟注山以北）的马邑、阴馆、楼烦、繁峙、崞等五县。由于内部变乱，拓跋鲜卑时强时弱。至拓跋什翼犍即代王位，遂以盛乐（今内蒙古和林格尔西北）为都城，设置官吏，制定法律。代国也被前秦所灭，淝水之战后，什翼犍之孙拓跋珪在鲜卑诸部的拥戴下，重建代国，随即改国号为魏，史称北魏。从此，拓跋鲜卑驱兵南下，势如破竹，直至统一北方。

乌桓也源于东胡。东胡败后，一部分聚保于乌桓山，便以乌桓为号。公元前 119 年，西汉骠骑将军霍去病进攻匈奴左地，击败匈奴左贤王，把乌桓置于自己的势力之下。汉朝廷为隔绝乌桓和匈奴的联系，加强对乌桓的控制，便把他们迁徙到边郡塞外驻牧，让他们监视匈奴的动向。朝廷还设立护乌桓校尉一职，以监护和管理乌桓部落。东汉光武帝初年，乌桓与鲜卑连兵侵扰边郡，代郡以东受害尤深。

稍后，乌桓归附东汉，并且迁入塞内。建武二十四年（公元 48 年），乌桓派遣的使者到洛阳，请求作为藩臣。翌年，东汉光武帝刘秀举行盛大的宴会，宴请乌桓等少数民族，并且赐给各种珍宝。乌桓大人被朝廷封拜为侯王君长的有 81 人之多，朝廷把他们安置在塞内缘边诸郡。

长期以来，乌桓各部落互不统属，各行其是，没有建立起统一的部落联盟，所以，乌桓在与其他少数民族的竞争中经常处于劣势，生产发展大受影响，人口的增长也很缓慢，其势力始终比较弱小。东汉末，乌桓部落酋长蹋顿统一辽东、辽西、右北平 3 郡乌桓，支援袁绍占领幽州。袁绍则假朝廷之名赐蹋顿等人为单于。袁绍死后，曹操发兵突袭蹋顿，征服 3 郡乌桓，迁乌桓1万余人入关。入关的乌桓日渐融于汉族，而塞外的乌桓则融合于鲜卑，乌桓的踪影渐渐就不见记载了。

北方漠北地区的少数民族还有丁零、柔然。丁零分布范围极广，东至贝加尔湖，西至阿尔泰山，到处都有他们的踪迹。从4世纪起，他们被称为敕勒或高车。柔然则是由匈奴、乌桓、鲜卑等融合而成，4世纪末在蒙古高原上崛起。丁零和柔然主要在漠北活动，但又时常南下掠夺，他们保持着更加完整的部落形态。此外，东北地区也还有涉貊、挹娄、夫余、勿吉、室韦、豆莫娄、乌洛侯、地豆于和库莫奚等少数民族，由于他们距离中原甚远，与中原皇朝往来较少。西北地区的少数民族，首先是氐、羌。氐、羌族历史悠久，《诗经·商颂》云："昔有成汤，自彼氐羌，莫敢不来享，莫敢不来王。"氐人分布在白龙江、西汉水流域，他们聚居的地区在西汉时已经设置了武都郡（治今甘肃成县西），氐族大多过着定居的农耕生活，很早就与汉族为邻，有十多个部落。汉朝廷向他们课取沉重的赋税，引起他们的反抗。在镇压氐人反抗后，汉朝廷便把一部分氐人迁徙到酒泉。曹操前后把20万氐人迁往关中的扶风、始平、京兆和陇右的天水、南安等郡。十六国前期，关中不少氐人被迁到并、冀、司诸州，而略阳的氐人又大量地迁往关中。略阳氐人苻氏世为部落酋帅，在大乱时酋帅苻洪自称护氐都尉、秦州刺史，后率众迁至关中，接受后赵的封爵，驻屯枋头（今河南浚县）。后赵衰亡，其子苻健占据长安，建立秦国，史称前秦。前秦在符坚即位后盛极一时，统一了北方。他雄心勃勃，进而统领大军南下，企图消灭东晋，统一全国，然而大败于淝水，导致前秦的灭亡。

氐人还建立后凉和仇池两个小国。符坚统一北方后，派遣氐人吕光出兵征讨西域，西域30余国望风投降。符坚从淝水败归长安，吕光加兵救援不及，便在姑臧（今甘肃武威）自称凉州牧，后又自立为大凉天王，史称后凉。仇池（今甘肃徽县西北）僻远，地势险要，氐人杨氏在这里建立政权，断断续续存在了286年，但国小势弱，不为世所重。

羌人种落繁多，有强有弱，强大的部落有酋豪，弱小的部落则依附于强大的部落。羌族的大本营在河湟流域，一部分羌人早在秦汉时期就渐渐内迁。内迁的羌人被称为东羌，他们受到官府和汉族地主豪强残酷的欺凌和奴役，"或倥偬于豪右之手，或屈折于奴仆之勤"，生活十分艰难。终东汉一朝，羌族人民前赴后继，勇敢地举行反抗东汉统治者的斗争，大规模的起义就有5次，而东汉统治者一再对羌人进行残酷的镇压和屠杀。不过，这种镇压和屠杀未能挽救东汉政权灭亡的命运，"寇敌（指起义的羌人）略定矣，而汉祚亦衰焉"（《后汉书·西羌传》）。

汉末魏晋之际，羌人被迫为各政治、军事集团当兵服役，也与其他少数民族一道奋起斗争。西晋末年，羌人酋豪姚弋仲率领部人东迁榆眉（今陕西千阳东），聚众数万人，自称西羌校尉、雍州刺史，先后归附于前、后赵，受封为西羌大都督。后赵灭亡，姚弋仲之子姚襄南奔东晋，后姚襄弟姚苌又率部投降前秦，受到苻坚的重用。淝水之战后，姚苌占领长安，建立了后秦。

其次，在河西张掖郡境，有所渭卢水胡，部落酋长为沮渠氏。沮渠氏乃匈奴姓，可见他们是匈奴的后人。沮渠氏担任过前秦护军之职，后沮渠蒙逊在张掖自称凉州牧，改称河西王，这一政权史称北凉。而拓跋鲜卑的另一支秃发鲜卑（"秃发"，"拓跋"的异译）迁徙到了河西，他们的后人在河西则建立了南凉。慕容鲜卑中又有吐谷浑一部进入西北，与羌人结合，形成吐谷浑族，建立吐谷浑政权。

西北的少数民族还有西域诸族。西域自汉代以来就是我国重要的组成部分，主要有天山以南位于塔里木盆地绿洲上的一些小国。它们互不统属，多以农业为主，兼营畜牧业，西域与中原发生联系，始于汉武帝时张骞出使西域。公元前138年，张骞奉诏前往西北寻找大月氏，准备联合大月氏共同夹击匈奴。张骞此行虽未达到目的，却使汉朝加深了对西域的了解。公元前119年，他再次出使，是专程到西域的。自此中原到西域之路畅通，中西交通大盛，商业贸易络绎不绝；西域的使臣往来长安，汉朝对西域的控制日益加强。汉朝一方面采用和亲的方式，出嫁宗室之女到西域；另一方面，又在西域开设屯田，并置有一定行政职能的机构加以管理。例如，公元前102年，汉武帝在轮台（今新疆轮台）、渠犁（今新疆尉犁）有田卒数百人，由使者校尉领护。公元前60年，西汉在西域正式设立都护府，实施对天山南北诸国的统治，这标志着西域正式纳入西汉的版图。西汉末年，王莽篡政，民族关系遭到破坏，西域一度脱离朝廷的控制。东汉建立后，重新设立都护及戊己校尉，并派班超出使西域，恢复对西域的统治。两汉时期，天山南北与内地已经联为一体。至魏晋南北朝，西域与中原仍保持着一定的联系，只要中原形势稍稍稳定，使者、商人就往来不绝。西域丰富的物产，诸如葡萄、苜蓿、安石榴、胡桃等及其种植技术传入内地；而内地的丝织品、生活生产用品及农业生产技术、凿井技术也进入西域。同时，西域从此也成为中原与中亚、欧洲经济文化交流的主要通道。

越族也是南方古老的少数民族，据说是大禹之后。公元前222年，秦始皇派大将王翦在长江下游地区设立了会稽郡。公元前214年，又派大军进入岭南，征服百越，设立了桂林、南海和象3郡，并前后派50万人赴岭南戍守，这些人大多留了下来。秦汉之际，秦代行南海都尉赵佗拥兵自立为南越王，控制了岭南地区。当时，南方越人除岭南的南越人外，还有分布在今广西中部及西南的西瓯，分布在西瓯西南的骆越，分布在今浙、闽的东瓯和闽越。汉初，汉高帝派遣陆贾出使南越，正式册封赵佗为南越王，双方保持了比较友好的关系。这时期，中原的铁制农具源源流入南越，有力地促进了岭南的开发。汉武帝出兵灭南越，设置了9郡，将越人置于汉皇朝的直接统治之下。汉人、越人交错杂居，随着时间的推移，许多越人日益融合于汉族；也有一些居住在深山老林中的越人，继续保持原来的状态，他们被称为山越。

吴国在江东建立统治时，遭到山越顽强的反抗。孙权不得不集中力量，清除心腹之患，一再出兵进剿，逼迫山越出山。被征服的山越人或补充到吴国的军队，或被编入民户，种地纳粮。其中当兵的越人估计有10万人之多。当然，还有不少山越人依山阻险，他们后来被称为俚、僚。

西南地区的少数民族泛称为西南夷。从族源上说，西南夷或来自氐、羌，或来自百越，还有一部分来自华夏族，形成许多氏族部落，各有其生产方式和风俗习惯。汉武帝派司马相如出使西南，曾经试图寻找一条经此至身毒（即天竺）通往大夏的道路。西汉首先在巴蜀南设立犍为郡（今四川宜宾），以后又陆续在南中（今云南、贵州和四川南部）设立一批郡县。汉朝还鼓励汉族人民到西南地区垦荒，一些罪犯也被流放到这里。汉族官吏、豪强的后代，逐渐成为当地的大姓，中原文化的影响也不断加深。

蜀汉建国以后，南中地区的汉族大姓和少数民族酋豪联合叛乱，蜀相诸葛亮领兵征伐南中。采取"心战为上"的策略，制服叛乱势力，改善民族关系。时至今日，有关诸葛亮的传说还在西南地区的少数民族中广泛流传。

当秦汉皇朝把统治疆域迅速向南推进到岭南以后，江汉流域的丛山溪谷中仍然居住着不少蛮人部落，有武陵蛮、巴郡南郡蛮、板楯蛮等。

从以上各民族的概述中，我们知道匈奴、鲜卑、羯、氐、羌等少数民族自西汉以后已经逐渐内迁，走上了与汉族相融合的漫长道路。这个时期的民族大融合经历了内迁、杂居到融合的进程。内迁是其第一步，如果两个民族分居异地，老死不相往来，永远也不能实现融合；杂居是第二步，因为不打破民族之间的藩篱，即使互有往来，友好相处，也无民族融合可言。

　　魏晋之际，内迁后的匈奴族分布在今河套和陕西、山西北部，并渐渐地南下到汾水流域，原来依附于匈奴的羯族也随之俱来。氐、羌入居甘肃、陕西、山西等地。而鲜卑族则布满东起辽东、西迄青海的塞外。晋人江统说："西北诸郡，皆为戎居"，"关中之人，百余万口，率其少多，戎狄居半"（《晋书·江统传》）。他们有的不可避免地成为国家编户和大族地主佃客，甚至奴隶，也有不少擅长骑射、身体强健者被编入军队中。但是，他们大多数在入塞后仍然保持着氏族部落状态，被氏族部落的纽带紧紧地维系着。因此，从总体上说，内迁只是加强了少数民族和汉族人民的联系，增进民族间的交往和了解。内迁还不等于各民族已经达到错居杂处的阶段，民族界限依然分明。正是在这个基础上，才出现了少数民族建立的政权，才有少数民族政权所推行的胡汉分治政策。

　　十六国时期是少数民族从内迁走向与汉族错居杂处的一个转折点。其一，十六国统治者不断扩大武装力量，他们不但征调本民族人民当兵，也征调其他民族人民当兵，他们军队的民族成分越来越复杂了。其二，十六国统治者还展开了激烈的人口争夺，争夺人口既是争夺劳动力，又是争夺武装力量或预备武装力量。因而，他们每打一次胜仗，就要掳掠大量的人户，不拘何种民族，都迁回自己的统治区。每次迁徙的人口，少则成百上千，多则几万十几万。这是以暴力打破民族界限，推进民族混居。其三，当一个新的少数民族政权取代一个旧的少数民族政权时，原来居于统治地位的少数民族人民不免奔进流移，四散逃亡；而战争和灾荒也迫使各族劳动人民背井离乡，流浪他方，民族藩篱随之解除了。其四，统治民族为了巩固统治，有意识地把本族人民派往各地戍守，意在加强对其他民族人民的控制，而结果也有利于民族混居。

这时少数民族建立的政权已经不是单纯的民族政权。这首先归因于少数民族贵族的汉化，许多少数民族贵族子弟自幼接受汉族传统文化的教育，然后游内地，从名师，习儒学。有些人竟能博通经史、诸子，擅长作文、书法。其次，他们只有与汉族的世家大族合作，才能巩固自己的统治，故他们在建立政权时或建立政权后都广泛地罗致汉族士人，甚至委以重任。所以，十六国的大多数政权都带有联合政权的色彩。

在民族融合的过程中，少数民族政权发挥了极其巨大的作用。一方面，它是少数民族贵族与汉族大族豪强进一步结合的基础；另一方面，它也是推进少数民族汉化的直接力量。其中，前秦和北魏在运用政权的强制力量推进汉化方面表现特别突出。

前秦苻坚以继承汉族传统文化为己任，把"庶几周孔微言不由朕而坠"（《晋书·苻坚载记》）当做自己的奋斗目标，企图在思想意识上进行汉化并融合各族。于是，他广兴学校，奖励读书，令公卿以下子孙入学，还亲临太学主持考试。他劝课农桑，兴修水利，提倡先进农业技术，使关陇经济得到恢复和发展。他还对各族采取比较宽和的政策，引用汉、鲜卑、羌族人士参与政权。虽然当时的民族矛盾还比较严重，民族融合的时机尚未成熟，但他关于汉化和民族融合的远见卓识是难能可贵的，他为此而作出的种种努力在魏晋南北朝的民族融合中起了重大的作用。

鲜卑拓跋部在"五胡"中进入中原最晚，汉化程度最低。从拓跋建国起，北魏历代皇帝在实行汉化方面都多有贡献，而孝文帝及其祖母太皇太后冯氏更是不遗余力。冯氏临朝称制时，进行了多方面的改革，实行均田制和三长制。孝文帝则大刀阔斧地推行汉化，首先他废除胡汉杂糅的旧官制，采用汉魏以来形成的以三省为核心的新官制；建立规范的门阀制度，把鲜卑贵族纳入门阀士族的等第；制定新法律和官吏考课制度，恢复健全因战乱而废弛的汉族法制。其次他命令鲜卑人换着汉人衣冠，朝廷上禁止用鲜卑语，改鲜卑姓为音近或义近的汉姓；规定迁到洛阳的鲜卑人以洛阳为籍贯，死后不得归葬代北，主张鲜卑贵族和汉人士族通婚。孝文帝还是一位精通儒学的皇帝，他在提倡儒学和兴办学校方面也有杰出的成就。

# 3 胡越一家，天下一家

公元 589 年，隋文帝杨坚灭陈，结束了东晋、十六国以来南北长期分裂的局面，我国统一的多民族的国家的发展进入了一个新的历史时期。隋唐时期是我国古代文明的一个高峰，政治、经济、文化各方面硕果累累，这既是魏晋南北朝以来民族融合的伟大成果，也与隋唐统治者所实行的比较开明的民族政策分不开。

隋唐统治者都或多或少地带有胡族血统，而隋唐社会则深受胡风浸染。这也是魏晋南北朝民族大融合的成果之一。隋唐皇朝的创立者，原来都是西魏、北周的高级官僚。隋文帝的父亲杨忠是西魏府兵的十二大将军之一、北周柱国大将军，被封为隋国公。杨坚本人后来以外戚的身份高居北周大丞相之位。唐高祖李渊的祖父李虎是西魏的"八柱国"之一，死后追封唐国公，李渊的父亲亦为北周柱国大将军，李渊本人 7 岁就袭国公之爵。他们在政治上与鲜卑贵族利害一致，又通过联姻结为一体，形成错综复杂的关系。隋文帝皇后是西魏"八柱国"之一的独孤信的七女儿，而李渊的母亲则是独孤信的四女儿。唐太宗的母亲窦氏、皇后长孙氏也都出自鲜卑贵族。当时不仅隋唐皇室如此，统治集团中的其他主要人物也大致类似。这说明，隋唐统治者本身就是由汉族和鲜卑贵族混血而成的。他们的这种出身与他们在胡风浸染的社会中所受的熏陶，深刻地影响了他们的民族观。

新时期的国家与民族的发展状况也促使着隋唐统治者民族观的改变。魏晋南北朝近 400 年的大分裂、大动荡对整个社会发展造成了巨大的破坏，给统治者们以深刻的经验教训。隋文帝灭陈后，就立刻下诏称："今率土大同，含生遂性，太平之法，方可流行。……武力之子，俱可学文，人间甲仗，悉皆除毁。有功之臣，降情文艺，家门子侄，各守一经，令海内翕然，高山仰止。"（《隋书·高祖纪上》）隋文帝制礼作乐，重新确立以儒家思想为核心的道德规范，力图保持国家统一、民族和睦、社会安定。

在维护国家统一、民族和睦这一点上，唐太宗李世民是当时乃至整个封建社会头脑最清醒和最富于远见的政治家。他说："夷狄亦人耳，其情与中夏不殊。人主患德泽不加，不必猜忌异类，盖德泽洽，四夷可使为一家；猜忌多，则骨肉不免为仇敌。"（《资治通鉴》卷 197，唐太宗贞观十八年）后来，唐太宗把自己成功的经验总结为五条，其中有一条说："自古皆贵中华，贱夷狄，朕独爱之如一，故其种落皆依朕为父母。"（《旧唐书·魏徵传》）这就是唐太宗的民族观。在这种不论中华、夷狄爱之如一的民族观的指导下，他制定出比较开明的民族政策，较好地处理了当时的民族关系问题。

隋唐之际，北方的突厥势力强盛，屡屡进犯边境。突厥渊源于铁勒（唐以前称敕勒），最初受柔然控制。柔然衰落后，突厥逐渐强大起来。至阿史那土门担任突厥首领的时候，突厥灭柔然而成为漠北的新主人。

阿史那土门自称伊利可汗，建立了突厥汗国。隋初，突厥分裂为东西两部。唐太宗即位后，贯彻"中国既安，四夷自服"的方针。当东突厥颉利可汗进攻到渭河便桥，严重威胁长安时，唐太宗亲自与颉利可汗缔结了"便桥之盟"，颉利可汗方才退兵。嗣后，唐太宗不轻起战端，集中力量安定国内，恢复和发展生产。公元628年，草原上大雪成灾，平地数尺，冻死了很多牲畜，突厥部内发生饥荒。一直遭受东突厥奴役的铁勒诸部纷纷叛走，更严重削弱了东突厥的势力。这时，唐朝廷内群臣请求发兵进击东突厥。唐太宗坚决不同意，说："新与人盟而背之，不信；利人之灾，不仁；乘人之危以取胜，不武。纵使其种落尽叛，六畜无余，朕终不击，必待有罪，然后讨之。"（《资治通鉴》卷192，唐太宗贞观二年）不久，东突厥内部发生尖锐冲突。颉利可汗兄子突利可汗率部投降唐朝，而契丹和铁勒诸部也相率来附。次年，因颉利可汗一方面请求与唐朝和亲，另一方面却私自援助割据称雄的梁师都，唐太宗乃命兵部尚书李靖、徐世勣率大军出击东突厥，终于虏获颉利可汗及其部众10余万人，灭东突厥。

战争结束后，唐太宗召集御前会议，讨论如何安置这批突厥人的问题。群臣各抒己见，有人主张分散突厥部落，迁往河南兖、豫二州，与汉人杂处，教其耕织，变其风俗。有人主张遣保边塞，分给土地，析其部落，使权弱势分，易于控制。中书令温彦博建议把他们安置在河南朔方一带，"全其部落，得为捍蔽，又不离其土俗，因而抚之，一则实空虚之地，二则示无猜之心，是含育之道也"（《贞观政要》卷9，《安边》）。唐太宗采纳了这一建议。于是，10多万突厥人按照他们原来的部落组织迁入塞内。随即，他在东自幽州、西至灵州的突利所统之地设置顺、佑、化、长四州都督府；分颉利所居地为六州，左置定襄都督府，右置云中都督府。这些府州的都督、刺史由他们本族的首领担任，可以世袭。唐太宗告诫突利说："今命尔为都督，尔宜善守中国法，勿相侵掠，非徒欲中国久安，亦使尔宗族永全也。"（《资治通鉴》卷193，唐太宗贞观四年）

唐太宗在突厥故地设立都督府、州，任命突厥酋豪为都督、刺史，这就是所谓羁縻府州制度。这种制度后来又推广到其他少数民族地区，成为有唐一代一项重要的民族政策，这是唐太宗对前代处理民族关系经验的继承和发展。西汉宣帝时，太傅萧望之说："外夷稽首称藩，中国让而不臣，此则羁縻之义。"（《汉书·萧望之传》）所谓称藩而不臣，就是说匈奴单于虽自称藩国，但朝廷不以臣子之礼对待他。当时，汉朝廷在匈奴地区不派官吏，不设郡县，不干预匈奴内部事务，匈奴入贡就待之以礼，不入贡也不追究。这是一种松散型的羁縻关系。至于汉武帝在西南、西北少数民族地区设立郡县，在西域设立都护府，则已非羁縻之义了。唐人的观念发生显著的变化。唐太宗在少数民族地区设立府州县，而又赋予某些羁縻的特点，把汉人认为是对立的制度巧妙地结合起来，较好地处理了唐皇朝与少数民族的关系。后来，他在铁勒及其他少数民族居住的西北、东北等地区也设置羁縻府州，使"前王不辟之土，悉请衣冠；前史不载之乡，并为郡县"（《唐大诏令集》卷11，《太宗遗诏》）。

唐太宗以后，羁縻府州更在周边广泛设置，突厥、回纥、党项、吐谷浑、契丹、西域和南方羌、蛮地区等共设有856个羁縻府州。为了管辖和监察羁縻府州，朝廷还先后设立了安西、北庭、单于、安南等都护府。不设都护府的地区，由边州都督府统领。羁縻府州的都督、刺史，皆得世袭。中央不向羁縻府州征收赋税，羁縻府州部民也不编入国家户籍，一般事务可以自治，但必须维护中央的权威。唐朝的羁縻府州制度创造了一种比较平等的民族关系，有利于多民族统一国家的巩固，有利于民族团结和民族之间经济、文化的交流，是唐皇朝社会稳定、经济繁荣的重要保障。唐代前期之所以出现贞观之治和开元之治，与此大有关系。

公元647年（唐贞观二十一年），西北各少数民族修筑了一条通向长安城的道路，道路上设置68个驿站，为往来的使者提供马匹和饮食。"是时，四夷大小君长争遣使入献见，道路不绝，每元正朝贺，常数百千人。"（《资治通鉴》卷198，唐太宗贞观二十二年）这条道路名为"参天可汗道"——参见天可汗唐太宗的大道。唐太宗被各少数民族的君长拥为天可汗和参天可汗道的修建，十分生动地反映出唐朝贞观年间四海一家的兴旺景象。这是唐太宗抛弃"非我族类，其心必异"的狭隘民族意识，采取比较开明的民族政策所取得的辉煌成就。

当时，北方衷心拥戴唐太宗的还有回纥、薛延陀、黠戛斯等族。回纥是铁勒诸部之一，最初受突厥控制。唐太宗灭东突厥后，回纥势力迅速发展起来。终唐朝一代，回纥与唐保持着友好的关系。回纥酋长吐迷度曾因配合唐军击灭薛延陀之功而被任以怀化大将军、瀚海都督府都督。在回纥本部，吐迷度则自称可汗。后来，回纥一度遭到后突厥的奴役。至 8 世纪中叶，回纥酋长骨力裴罗联合其他部落消灭后突厥，遂被唐册封为怀仁可汗。回纥游牧地域非常广阔，"尽得匈奴故地"。唐发生安史之乱时，回纥主动请缨，愿共赴国难。回纥军英勇善战，所向披靡，在袭击安史老巢范阳和收复两京的战役中屡屡取胜。怀仁可汗之子葛勒可汗因此受唐册封为英武威远毗伽阙可汗，唐肃宗还将幼女宁国公主嫁他为妻。唐朝先后有四位公主远嫁回纥，而回纥 13 位可汗有 12 位由唐朝册封。唐与回纥之间的贸易十分频繁。回纥属突厥语族，采用粟特字母创制了自己的文字，即古回纥文。他们最初信奉萨满教，后来改信摩尼教。在与唐朝长期的友好关系中，回纥深受汉文化的影响，经济发展速度较快，在西域、河西一带定居下来，并开始从事农业生产。公元 788 年，回纥可汗以"回旋轻捷如鹘"之义，改族称为回鹘。9 世纪中叶，回鹘因统治集团内乱，便衰落了。公元 840 年，回鹘被黠戛斯所灭，其部落分三支，逐渐与西域和河西的居民融为一体。回鹘继突厥之后统治大草原近百年，与唐保持友好往来，他们虽自古为游牧民族，却产生了不少商人，来往于内地和边疆，成为北方游牧经济发育出来的一大奇观。

薛延陀出自敕勒，与回纥一起在反对东突厥的斗争中成长起来。但因其部落联盟很不巩固，公元646年被唐朝所灭，一部分薛延陀人归附于唐，而大部分仍留在漠北。黠戛斯原是叶尼塞河上游的游牧部落，其中有一部分迁到天山西部。黠戛斯初为薛延陀的附庸，后逐渐发展起来，击灭回鹘。大约在10～12世纪，黠戛斯人大批迁到天山地区与当地居民融合。

隋唐时期，东北地区与中原的关系也日益密切了。这时期东北地区的主要少数民族有靺鞨、奚、契丹等。靺鞨是原来勿吉的异译，分布在黑水（今黑龙江）和粟末水（今松花江）流域。靺鞨人分为数十个部落，其中伯咄、安车骨、拂涅、号室、白山、黑水、粟末等7部较大，而又以粟末部最为强大。粟末部居地最南，与高丽相接，而西邻契丹。唐初，靺鞨部或依附于高丽。唐征服东突厥和高丽后，靺鞨诸部被安置在营州（今辽宁朝阳）都督府治内。后来，粟末人又回到粟末水一带，粟末部酋长大祚荣自立为震国王。公元713年，唐朝封大祚荣渤海郡王，又以其地为忽汗州，加授大祚荣忽汗都督。从此，渤海成为唐朝的一个羁縻府州。

渤海与唐朝联系密切，积极汲取先进的汉文化，采取唐制建立中央和地方行政制度。其境内设5京、15府、62州，国都在上京龙泉府（今黑龙江宁安县渤海镇）。渤海年年派遣使者朝贡，又经常派王子、留学生到长安学习。唐代著名诗人温庭筠送渤海王子归国，曾赋诗相赠云："疆里虽重海，车书本一家。盛勋归旧国，佳句在中华。"诗人赞颂唐与渤海远隔重海而亲如一家的友好关系，也反映渤海王子已经精通汉文化，有很高的文学造诣。中唐以后，渤海北抵松花江下游，南与新罗接壤，东至于大海，西到今吉林与内蒙古交界的白城、大安附近，疆土辽阔，人口 300 万，胜兵者数十万，誉为"海东盛国"。至公元 926 年，渤海国被契丹吞并。

南方地区的少数民族有吐蕃和南诏。

吐蕃是青藏高原古老的居民，他们散居各处，有些种植青稞、小麦等农作物，过着农业定居生活；有些则以游牧为主，放牧牛、马、羊等。隋唐之际，吐蕃赞普松赞干布统一了各部落，并将统治中心迁到了逻些（今西藏拉萨）。他模仿唐制，建立和健全统治机构。全境分为 4 个"如"（部），每如下辖七八个千户所，形成了集权于中央的统一的武装力量。吐蕃人还创制了有 30 个字母的拼音文字，对吐蕃经济、文化的发展起了很大的作用。贞观年间，吐蕃与唐朝建立了密切而友好的关系。松赞干布多次遣使入唐求婚，唐太宗终于把文成公主嫁给松赞干布。

唐蕃和亲是历史上和亲的一个典范。和亲政策古已有之，西汉高祖刘邦嫁公主予冒顿单于，首开和亲先例。此后和亲作为民族关系的一个重要手段，在西魏、北周、隋时被多次运用。它对缓和民族关系，增进民族友好起了积极的作用。比较起来，唐太宗在实行和亲方面则取得了前所未有的成功。他说："朕为苍生父母，苟可利之，岂惜一女！"（《旧唐书·薛延陀传》）他曾经把衡阳长公主嫁到西突厥，把弘化公主嫁到吐谷浑。公元641年，唐太宗嫁文成公主时，派礼部尚书、江夏王李道宗护送入藏。松赞干布大喜过望，亲自到柏海（今青海鄂陵湖）迎接，并且在逻些为公主修筑了华丽的宫室。文成公主自幼受到良好的教育，她的陪嫁除金玉绸帛外，还有精美的手工艺品、药品、科技书籍和谷物、蔓菁种子等。随文成公主进藏的还有各类工匠。高宗时，松赞干布和文成公主又要求送去蚕种和增派造酒、碾、砲、纸、墨的工匠。唐代诗人陈陶《陇西行》云："自从贵主和亲后，一半胡风似汉家。"这是对唐太宗和亲政策的热情赞颂。文成公主死后，藏族人民一直崇敬和怀念她。

此后，唐蕃经济、文化的交流日益增多，吐蕃贵族子弟到长安学习，一些有文化修养的唐人被聘请到吐蕃掌管文书，中原先进的生产技术也陆续传入吐蕃，从而促进了吐蕃社会经济的发展。松赞干布死后，吐蕃与唐处于时战时和的状态，其间曾经多次会盟。唐穆宗初年，就分别在长安、逻些会盟，铭刻着"舅甥二主商议，社稷如一，结立大和盟约，永不渝替"的长庆会盟碑，至今仍竖立于拉萨大昭寺的门口。这是唐蕃"和同为一家"的历史见证。

云贵地区的少数民族，即秦汉时的西南夷，隋唐以后泛称为蛮。当时，洱海一带分布的许多乌蛮部落逐渐形成了"六诏"。"诏",即王的意思。六诏之一有蒙舍诏,因位置最南,被称为南诏。南诏与唐保持着密切的联系,在吐蕃南下争夺西洱海地区时,唐朝支持了南诏酋长皮逻阁兼并其他五个诏。公元738年,唐玄宗封皮逻阁为云南王。接着,南诏进而兼并爨地,因而与唐朝发生冲突,就背弃唐朝臣属于吐蕃。因不能忍受吐蕃的统治,又与唐朝恢复通好。南诏政权后来落入郑氏、段氏之手,段氏改国名为大理。南诏与大理两个政权的建立,对于统一云南各族,加强与汉族的联系发挥了重要作用,有力地推动了西南各民族地区的开发和社会经济的发展,促进了这一地区民族间的交流与融合。

早在公元633年(唐贞观七年),有一次唐太宗陪同已经禅位的父亲太上皇李渊欢宴三品以上的官吏,许多归顺唐朝的少数民族首领也应邀参加。宴会上气氛亲切,其乐融融,突厥颉利可汗起舞,南蛮酋长冯智戴咏诗。李渊高兴地说:"胡、越一家,自古未有也"(《资治通鉴》卷194,唐太宗贞观七年)。唐朝长安城有100余万人口,除汉族外,还居住着来自各地的少数民族,如突厥、回鹘、契丹、奚、靺鞨和西域各族人,他们和睦相处,十分融洽,是唐朝民族友好的一个缩影。

由于唐朝基本上能够遵循唐太宗制定的民族政策,所以唐代的民族关系比较缓和,这是盛唐之所以为盛唐的一个重要因素。唐代的疆域空前辽阔,"东极于海,西至焉耆,南尽林邑,北抵大漠,皆为州县,凡东西九千五百一十里，南北一万九百一十八里"（《资治通鉴》卷195，唐太宗贞观十四年）。

在我国历史上，汉唐并称盛世，而汉武帝和唐太宗亦并称为英主。不过，在处理民族问题和民族关系方面，唐太宗的确胜过汉武一筹。公元648年，唐太宗目睹四夷君长争相入朝，高兴地对大臣们说："汉武帝穷兵三十余年，疲敝中国，所获无几，岂如今日绥之以德，使穷发之地尽为编户乎！"（《资治通鉴》卷198，唐太宗贞观二十二年）唐太宗这样说并不过分。

# 三　多民族统一国家的成长

* 宋元明清是我国多民族统一国家的成长时期。

* 民族的发展，促进民族的统一，反过来更进一步促进民族的发展。

* 国家的统一，社会稳定，人民生活安定，为各民族的发展，民族之间经济、文化的交流，提供了必要的条件。

* 我国各族人民共同奋斗，创造了我们伟大的祖国，这是我国民族关系的主流。

##  1　民族统一和民族发展

10世纪末以后，以北宋建立为标志，中华民族发展进入一个新的时期，民族发展状况的特点是民族融合与统一的步伐进一步加快。在这里，民族统一与融合包括两层含义：一是各少数民族本身在内部实现众多民族部落的统一，往往建立起民族政权。由于受汉族先进的经济、文化影响，其民族发展极为迅速；一是指元明清三个空前规模大帝国出现，将境内各民族联为一体，这就是中华民族的大统一。

东北地区自宋以来，在历史的舞台上地位日渐醒目。继靺鞨以后，先后兴起了奚、契丹、女真、蒙古等少数民族，而契丹、女真建国和蒙古族的兴起，掀起民族组合新浪潮。

公元 926 年，契丹消灭靺鞨所建的渤海国，成为东北地区新主人。契丹族源，出于鲜卑宇文部。"契丹有一个传说，认为始祖发迹在木叶山；还有一个迷信观念，认为死后灵魂要回到黑山去。木叶山和黑山都在鲜卑故地，这可以帮助说明契丹确实源出于鲜卑，并非匈奴遗种。"（张正明著《契丹史略》，中华书局，1979，第 2 页）契丹最初分布在辽水流域以北，人畜兴旺，最初分为悉万丹、何大何、伏弗郁、羽陵、日连、匹絜、黎、吐六于 8 部，各部又分若干牧民聚落，8 部互相攻击，不能相一。唐初，契丹 8 部才组成部落联盟，称为大贺氏联盟，后来 8 部名称屡有变化。当时的联盟酋长权力还不大，平时各部落自主从事畜牧渔猎，遇军事行动则由部落大人会议共同决议。唐朝建立羁縻府州时，在契丹驻牧地设置松漠都督府，任命联盟酋长窟哥为都督，赐姓李氏；又在 8 部设置九州，任命各部大人为刺史。契丹和突厥与唐朝进行了长期的战争，部落几次离散，又几次重建。虽 8 部名称改变了，但仍保持着 8 部的规模。唐开元年间，契丹民族贵族发生了冲突，遥辇氏取代大贺氏担任联盟酋长。从酋长阻午起采用"可汗"的称号，实行世袭。可汗之下设军事首长，不仅统领军马，而且握有实际权柄，称"夷离堇"。在唐的支持下，契丹摆脱了回鹘的统治，生产力迅速发展，开始走向原始社会解体阶段。

契丹族国家的建立是契丹发展史上的一次飞跃，这个历史重任是由契丹族杰出的领袖耶律阿保机完成的。耶律阿保机出生于契丹最大部落迭剌部耶律家族，其家世为部落酋长，握有实权。耶律阿保机机智勇敢，具有卓越的政治、军事才能。公元 901 年，耶律阿保机取得夷离堇之位，统率军队，连破室韦、突厥、库莫奚诸部。后来，他凭借强大的军事实力推翻遥辇氏，自立为可汗。但是，当时其他部落大人强烈要求恢复传统的推举联盟酋长的办法。他们乘阿保机出征归来之机，遮道劫持，逼迫他退位。阿保机只得交出作为可汗标志的旗鼓，表示不再担任联盟酋长，但要求统领汉人"自为一部以治汉城"。于是，他在汉城"率汉人耕种，为治城郭，邑屋廛市如幽州制度，汉人安之，不复思归"（《新五代史·四夷附录》）。因此，他虽失去了 7 部的支持，但实力却更加雄厚了。公元 916 年，阿保机听从其妻述律氏的策划，派人对诸部大人说："我拥有盐池，供你们食用，你们只知食用的便利，难道不知盐是有主人的吗？你们应当来表示感谢。"诸部大人便商定在盐池宴请阿保机。宴会当日，阿保机预设伏击，待诸部大人酒酣耳热之际，突发奇兵尽杀之，从而兼并了诸部。同年，阿保机自称皇帝，建立契丹国，其子耶律德光时改国号为辽。

耶律德光夺取燕云十六州（今山西、河北的北部）

以后，辽的统治西近阿尔泰山，东至黑龙江流域，北达胪朐河（今克鲁伦河），南临中原。辽国土之上设5京、6府、156州（含军、城）、209县，还有100多部落。辽国的社会结构非常复杂，以游牧生产为主的契丹人及其他少数民族居住在北部，汉人和渤海人生活在南部。其政治制度采取"以国制治契丹，以汉制待汉人"（《辽史·百官志》）的原则，中央分北面官和南面官两大系统，北部地区实行部族制，南部地区沿袭州县制。辽代契丹经济获得了空前的发展，农业、畜牧业、手工业均有所进步，农业和畜牧业则在契丹经济中占主导地位。其中农业中心在南部，畜牧业中心则在北部。辽建立政权后，逐步走上了封建化的道路。当时，中原由于战乱，大批汉人逃往北方。在辽都上京，集聚着大批汉族的官僚、翰林、伎术、角觝、教坊、秀才、僧尼、道士等各类人才（《契丹国志》卷二五）。汉人韩延徽，为契丹"建立开府"，创立封建政治制度和各项措施；韩知古"援据故典，参酌国俗"，制定礼仪制度；康默记则为契丹法典创制作出了贡献（《契丹国志》卷一）。契丹与党项等少数民族的联系也很紧密。契丹还创制了自己的文字。公元1125年，辽为后起的金所灭。辽宗室耶律大石率一部分契丹人西迁至今新疆和中亚地区，建立西辽，最终为蒙古所灭。

库莫奚又单称奚，与契丹一样本属于鲜卑宇文部，后来迁移驻牧在饶乐水（今内蒙古西拉木伦河）流域，以畜牧业为主，农业、射猎为副。奚人分为5部，每部有酋长，称"俟斤"。其中阿会部最大，每部均听从其指挥。隋唐之际，奚部遣使入贡，唐贞观中，奚人率部内属。朝廷在其地设置饶乐都督府和5州，以联盟酋长可度者为都督，各部酋长为刺史。后来，奚先后臣属于回纥、契丹。契丹分奚为6部，封其酋长为奚王。奚部落较小，人口稀少。宋辽以后，奚人逐渐融合于契丹，又同契丹一样汉化，少数北迁者则融入蒙古族。

女真源于靺鞨北部的黑水靺鞨。渤海国建立后，征服一部分黑水靺鞨人，还有一部分黑水靺鞨人与唐朝维持朝贡关系，唐朝在其地设置黑水都督府及州。契丹吞并渤海后，黑水靺鞨改称为女真。被契丹迁徙到辽阳以南的女真因汉化程度较高，叫"熟女真"，而仍留在黑龙江以北的则称"生女真"。生女真没有编入辽朝户籍，分为不相统属的72部落，其中完颜部最大。从11世纪初，完颜部酋长绥可率部定居在按出虎水（今阿什河）附近，他们种谷植麻，烧炭炼铁。完颜部逐渐强大起来，至12世纪初，相继征服女真各部完成女真的统一，取得世袭部落联盟酋长的特权。女真氏族部落在集体围猎中，按人数组织起来，指挥者有"猛安"、"谋克"。猛安即女真语的千夫长，谋克即百夫长。公元1114年，女真部落联盟酋长完颜阿骨打实行改革，以猛安、谋克作为女真族的地方组织，兼具军事、政治、生产三方面的职能，300户为1谋克，10谋克为1猛安。这一改革使氏族血缘关系演变为地域关系，把分散的女真各部统一为女真族，增加了女真的军事实力。在阿骨打的统率下，女真各部奋起反抗辽的残酷压迫，他们斗志昂扬，以少胜多，在宁江州（今吉林省扶余县石头城子）和出河店（今黑龙江省肇源县西）两次决战中，取得了关键性胜利，夺取了宁江、宾、祥、咸等州。次年，即公元1115年，完颜阿骨打即皇帝位，以金为国号，建立皇朝。

新兴的金皇朝生机勃勃，以摧枯拉朽之势灭亡了辽和北宋，入主中原。金的疆域囊括了整个中国北方，包括今东北、陕西、内蒙古、甘肃，与南宋对峙。双方东以淮水，西以大散关为界。女真原来的社会文明程度较低，但他们很早就与中原汉族有了联系，当他们踏入中原大地后，在高度发展的封建政治、经济、文化的影响下，很快就走上封建化之路。政治上采用了汉官制。1122年，金太祖攻占辽燕京后，任用辽知枢密院事左企弓、虞仲文、刘彦宗等实行改革，至金熙宗时，进一步完善。原来带有贵族议事色彩的金初"勃极烈"（意为长官）辅政制遂让位于三省六部的中央官制，后来海陵王时又加以改革，只留尚书省，以加强皇帝集权。经济也有较大的发展，金先后与北宋、南宋协议在边境地区设立榷场，由官方主持实行双边贸易。交换的物资主要是中原的丝绸、瓷器等特产与北方的皮毛、马匹。金商业颇为发达，发行纸币"交钞"，这是我国历史上最早的纸币。金世宗时出现"家给人足，仓廪有余"（《金史·世宗本纪》）的繁荣景象。受汉文化影响，金文化也有发展。金熙宗时，采用汉字和契丹字偏旁制成女真文字。女真贵族大力推崇儒学，酷爱汉图书典籍。金灭辽、北宋后，俘获大批士人官吏，如韩企先、韩昉、张用直等人，一时间，崇儒好学蔚然成风。据说金熙宗竟"尽失女真故态"。金还实行科举制度，在文学艺术方面也卓有成绩。定居中原的女真人，长期受汉文化的熏陶习染，逐渐汉化而失去女真族特点，所以当蒙古灭金后，中原地区的女真人已被元朝列入广义的汉人中去了。

室韦在北魏时始见于史籍记载，居住在今内蒙古东北部和嫩江流域。由于长期与外部隔绝，社会进步缓慢，一直处于原始社会状态。一说"室韦"即"鲜卑"的异译，是未迁徙而留居该地的鲜卑人。隋时室韦分为5部：南室韦、北室韦、钵室韦、深末怛室韦和大室韦。各部中又有多少不等的部落。唐时又分部20余，大者数千户，小者千户，尚未形成部落联盟。室韦起初役属于突厥，后来内附于唐朝。开元初，唐设立室韦都督府，从此，室韦常遣使入贡朝廷。

在蒙古高原民族的变迁、激荡中，室韦获得了发展的机会。黠戛斯退出漠北后，室韦乘机西迁，留居漠北的突厥人、回纥人则混合到室韦诸部中。在漠北室韦各部中，有九姓鞑靼、三十姓鞑靼、蒙兀室韦等名称。辽代时，室韦被契丹征服，诸部又重新组合。此外，漠北西有乃蛮部，中有篾儿乞部，南有克烈部；漠北东有蒙古泰赤乌部，南有乞颜部、塔塔尔部、广吉剌部；在贝加尔湖以西有豁里部、秃麻部、斡亦剌部、吉利吉思部；贝加尔湖以东有八剌忽部等。在分化组合中，以蒙兀室韦为核心，逐渐形成了蒙古族。

蒙古族的崛起，掀开了我国北方民族史新的一页。

三　多民族统一国家的成长

75

蒙古族源自今额尔古纳河流域，后来迁徙到鄂嫩河上游肯特山地区，曾经有蒙兀、蒙瓦、萌古斯等异译，但当时只是一个部落的名称。蒙古部先后臣属于辽和金。12世纪，蒙古高原上部落林立，互相兼并，逐渐形成了蒙古、塔塔尔、克烈、篾儿乞和乃蛮等5大部。统一已成为蒙古高原上各部落进一步发展的关键，担负起这一历史重任的是"用兵如神"的蒙古部首领铁木真。铁木真九岁时，父亲被人害死，家破人亡。在长期的流离生活中，他的意志得到了锻炼，当铁木真登上政治舞台后，在无数次部落兼并的战争中，他胜不骄，败不馁，先后灭塔塔尔、克烈、乃蛮、篾儿乞、札只剌等部，廓清了漠北地区的割据势力，这是铁木真在蒙古族历史上建立的伟大功勋。从此以后，蒙古高原上结束了分裂割据的局面，各部落交往、融合、渗透、吸收，为进而建立起共同经济生活与心理认同创造了条件，蒙古族从此形成。显而易见，蒙古族的族名体现了蒙古部在民族形成中的贡献。

当女真族建立的金为蒙古族消灭时，留居在东北边疆的女真人仍以渔猎为生，社会发展缓慢。明初，女真分裂为建州、海西和野人三部：建州部分布在今牡丹江、绥芬河和长白山一带；海西部分布在松花江流域；野人部则散居在黑龙江及库页岛一带。他们之间社会经济、文化水平差别很大，野人部以渔猎为主，兼事采集，而建州部已定居下来，从事农业生产。明廷在女真地区设立许多卫所，总属于奴儿干都司，其长官则由女真部落酋长担任。明廷还在广宁、开原、抚顺等处开设马市，允许女真人用土特产品交换粮食、布匹、农具、耕牛等。

　　建州、海西二部因不堪野人部的袭扰，逐渐南移。后来，建州部定居在抚顺以东至鸭绿江边，海西部散处在开原以北辉发河流域。明朝在建州部设立三卫：建州卫、建州左卫、建州右卫。清太祖努尔哈赤的六世祖猛哥帖木儿被明成祖朱棣任命为建州左卫都指挥使。从公元 1583 年（万历十一年）起，努尔哈赤起兵，开始统一女真各部的事业，在征服战争中，他在女真人原来的狩猎生产组织"牛录"的基础上建立了军政合一的八旗制度。八旗各级额真（满语，意为王）成为固定的长官，八旗成员则不再受原氏族部落酋长管辖。1616 年，努尔哈赤完成女真的统一，自称"大汗"，沿用"金"国号，史称后金。随着女真的统一和后金的建立，一个新的民族共同体形成了，这个民族在努尔哈赤第八子皇太极在位时称为满族。满族以女真为主体，同时也融合了蒙古与朝鲜等族成分，成为一个崭新的民族。

　　西北地区主要少数民族有党项族。党项是北朝后期始见于文献的羌人部落，分布在今青海河曲地区，有细封氏、费听氏、往利氏、颇超氏、野离氏、房当氏、米擒氏、拓跋氏 8 姓部落。而一姓之中又有许多小部落，各拥千骑，不相统一，其中拓跋氏最强，拓跋氏元昊建立西夏时，自称是北魏皇室后裔（有人认为此乃自高门第之辞，迄无定论）。党项初隶属于吐谷浑，寇扰隋唐西北诸州。在唐太宗招抚和征伐下，党项大多内附。唐在其地置松州都督府和 32 州，羁縻存抚诸部。吐蕃兴起后，占据党项故地，党项部分内徙，留下者役属于吐蕃，逐渐融合到吐蕃中去了。"安史之乱"爆发后，党项再次大迁徙，向东发展。内徙的党项分布于银（今陕西米脂）、灵（今宁夏灵武）、夏（今陕西横山）、庆（今甘肃庆阳）等州，与当地汉族和内迁的其他少数民族如室韦、吐谷浑、回纥等杂居。原来的血缘纽带松弛，逐渐形成了以地域为纽带的部落集团。党项拓跋氏几代人被唐任命为刺史，从唐中叶起势力日益强大。在镇压黄巢起义后，拓跋思恭受封为夏国公，赐姓李，从此据有河套以南的 5 州之地，成为唐末藩镇之一。

北宋建立后，党项贵族内部因争夺继承权而发生分裂。其中李继迁所率一部与辽结成掎角之势，共同对抗北宋。至元昊继夏王位前后，夏"东尽黄河，西界玉门，南接萧关，北控大漠，地方万余里，倚贺兰山以为固"（《西夏书事》卷一二）。公元 1038 年，元昊称帝，定国号大夏，史称西夏。西夏国俗颇具特色，如剃光头顶，穿耳戴环，盛行巫术等。元昊等具有很强烈的民族意识，又试图维持旧俗。但西夏国内除党项人外，更多的是汉人，还有回鹘、吐蕃人，各种文化间的相互影响、相互渗透是不以人的意志为转移的。西夏仿效宋官设立官僚机构，仁宗时还实施崇儒尚文的方针，开科取士。1227 年，西夏为蒙古所灭，其中一部东进中原，融合到汉族中，另一部南下到川西，后来逐渐藏化了。

唐宋时期，原居江汉地区的武陵蛮、五溪蛮等逐渐形成苗、瑶等民族共同体。据《隋书·地理志下》载：在南郡、夷陵至江夏一带，多杂蛮左，其与夏人杂居处，则与诸华不别，其僻处山谷者，则言语不通，嗜好居处全异，颇与巴渝同俗。这就是说，一部分在平原地区与汉人错居的蛮人已融合于汉族中，而其余留居山地者仍维持原样，这部分蛮人是唐宋以后苗、瑶、畲等族的先民。关于这几个民族的分布，大致说来，它们散布于闽、粤、湘、赣、川、黔边界，畲族偏东，位于闽、粤东；瑶族居中，地处湘、桂东、粤北；而苗族偏西，居于湘西、贵州。瑶族在隋代名莫徭，"长沙郡又杂有夷蜒，名曰莫徭，自云其先祖有功，常免徭役，故以为名"（《隋书·地理志下》）。宋代或称山徭。陆游在《老学庵笔记》中说："辰沅、靖州蛮有仡伶、有仡僚、有仡榄，有仡偻，有山徭。"这里的仡伶、仡僚、仡偻、山徭分别为侗、仡佬、苗、瑶族的先民，而泛称为溪峒蛮徭（吴永章主编《中南民族关系史》，民族出版社，1992，第199页）。后来，大批瑶民越过五岭，迁入岭南广东、广西地区。当时溪峒蛮徭主要从事农业生产，大多刀耕火种，广种薄收，社会经济还比较落后。唐代在南方少数民族地区同样设置羁縻府州，在其部落居住地列置州县，任命其酋长担任地方长官。宋朝也基本继承了这一政策，州有刺史、县有县令、峒有峒官，使自镇抚。

唐代在左、右江一带还有西原蛮，分布在广州、容州（今广西北流）之南，邕州（今广西南宁）、桂州（今广西桂林）之西。其酋豪大姓有黄、宁、韦、周、侬等，大多散居山区，"无城郭，依山险，各治农业，急则屯聚"（《新唐书·南蛮下·西原蛮传》）。他们源于越族及其后裔俚、乌浒蛮，是后来僮（今改称壮）人的主要组成部分。唐代设立羁縻州峒，"分析其种落，大者为州，小者为县，又小者为峒"（《桂海虞衡志》志蛮篇）。宋因袭其旧，仍设羁縻州、县、峒。因广源州为当时邕管的羁縻州之一，所以西原蛮又称广源州蛮。其首领为州蛮大姓出身的侬智高。公元1039年，交趾李朝妄图吞并广源州，掠人夺物，胁迫侬智高归顺。侬智高在傥犹州（今广西崇左、扶绥一带）建立大历国，反抗交趾侵略。交趾派兵攻打时，侬智高请求归顺宋朝，但宋朝却按兵不动。公元1044年（庆历四年），侬智高便袭占安德州（今广西靖西），改称南天国，建年号景瑞。侬智高屡次向宋廷求援遭拒，而宋廷竟派兵南下镇压，侬智高终于兵败身死。宋代僮族因受汉文化影响，依方块字构成方式而创"土俗字"，与汉字夹杂使用，能表达一定的意义，在南方少数民族中比较突出。

这时的岭南沿海还有一些被称为俚僚的少数民族。唐时在海南岛设琼、崖、儋和万安4州。唐昭宗时的广州司马刘恂在《岭表录异》中讲到岛上民族分布时说："汉在外围，黎在腹地。"这是岭南出现黎族之称的最早记载。但黎族族名普遍使用则是宋代的事。当时统治者将黎人分为"生黎"、"熟黎"，"海南有黎母山，内为生黎，去州县远，不供赋役；外为熟黎，耕省地，供赋役"（宋·周去非《岭外代答》卷3，丛书集成初编本）。所谓熟黎，是指已经汉化的黎人，和汉人一样承担赋税徭役。而生黎则多居于深山之中。宋朝在海南推行土官制，黎族在汉族文化的影响下，耕种稻田，种植苎麻。但是他们的农业仍很粗放，比较突出的是纺织业。心灵手巧的黎族妇女用木棉织成青红纹道相间的"黎单"，杂以彩色丝线与木棉挑织而成"黎幕"，成为远近闻名的特产。元朝著名的纺织改革家黄道婆最初就是在海南学成技艺，然后闻名天下的。

 ## ② 　国家统一和各民族的进步

元、明、清是三个连续的统一皇朝。君主专制的中央集权达到顶峰，经济继续发展，尤其明清两代，商品经济发达，人口增长很快，边疆地区的开发加速，而民族关系也进入一个新阶段。中国的疆域已经基本确定，全国所有地区均置于中央直接统治之下，各民族族称及居住地域基本固定，近代民族的雏形已形成，以汉族为主体的中华各民族相互交融，互为一体，密不可分，形成民族交融的新态势。

公元1206年，重新实现蒙古高原统一的铁木真召集各部贵族、那颜于斡难河源（今鄂嫩河畔）举行大会。会上，铁木真被推举为全蒙古的大汗，尊号成吉思汗，意即"强盛伟大的君主"。

成吉思汗是一位杰出的领袖，他在蒙古地区推行分封制，颁布法典《大札撒》，命畏兀儿人塔塔统阿用畏兀儿文字拼写蒙古语，创制了蒙古文字。这些措施是蒙古族形成的标志。此后，成吉思汗及其子大汗窝阔台3次西侵，拓境至中亚、南俄、西南亚；又南下灭西夏和金，建立了一个以蒙古哈尔和林为中心的横跨欧亚的大汗国。不久，大汗国分裂成几个独立的汗国。1260年，长期驻守漠南汗地的忽必烈自立为大汗，继而在1271年宣布以"元"为国号，建立元朝。至1279年灭南宋，最终结束了四分五裂的局面。其版图"北逾阴山，西极流沙，东尽辽左，南越海表"（《元史·地理志》）。

元朝建立是中华民族历史上的一件大事，它重建多民族的统一国家，而且这是第一次由一个少数民族建立的统一政权。元朝建立，继承与发展了中原传统文化。元世祖忽必烈久居汉地，深深地认识到了"汉法"的重要性，他说："北方之有中夏者，必行汉法，乃可长久。"（《元史》卷153，《许衡传》）所以由此而言，元朝虽然是少数民族所建，但在文化上却与历代中原皇朝一脉相承，没有什么区别。元代承袭了唐宋以来的制度，但又有所创新，如定官制，立行省，备礼乐，行科举，其中以行省制度的创立最为重要，这也是蒙古族对中华民族的贡献。元除腹里地区外，共设10行省：岭北、辽阳、河南、陕西、四川、甘肃、云南、江浙、江西、湖广，而今山东、山西、河北和内蒙古等地称"腹里"，由中央直辖。元行省制度的确立，标志着全国各地已置于中央政府有效的、直接的统治之下。而岭北、云南等行省的设立，则进一步促进了边疆地区的开发，故史称"盖岭北、辽阳与甘肃、四川、云南、湖广之边，唐所谓羁縻之州，往往在是，今皆赋役之，比于内地"（《元史》卷58，《地理志序》）。

成吉思汗及其诸子的东征西讨，使元朝成为中国历史上疆域最大的朝代。在广大的国境之内，民族众多，形成了空前的民族大杂居局面。元朝统治者实行民族分治政策，将国内各族分为四等：蒙古、色目、汉人、南人。其中蒙古指蒙古各部，社会地位最高；色目，包括畏兀儿、回回、吐蕃、党项等各族，他们多追随元初统治者南征北战，地位仅次于蒙古人；汉人，包括淮水以北原金朝统治下的汉人及契丹、女真、渤海、高丽等族；南人，则指南宋统治下的汉人及其他少数民族。民族分为四等，政治地位各不相同，这种人为的民族歧视、民族压迫政策，旨在维护统治民族的利益，实质上维护的是统治民族上层的特权；旨在巩固对其他民族的统治，实际上却极大地刺激了被压迫民族的民族感情，激起了他们强烈的反抗。在元末农民大起义中，各族人民团结起来，共同反对元朝的残暴统治，他们在战争中进一步加强了彼此的团结和友谊。

元朝在全国实行行省制度，及省下的路、府、州、县四级体制，但对一些特殊地区则实行特殊政策。例如在西藏设立宣慰司，建立一种政教合一体制。在一些边远地区，又创立了土司制度。所谓土司制度，就是在少数民族地区，利用其土著上层人物充当地方官员，对当地进行管理。土司制度主要推行于云南、湖广、四川行省及宣政院部分辖区，是元政府为适应当地交通不便，民族成分复杂，经济文化落后的状况而实行的一种间接统治方式。土司管理当地，只要缴纳一定的租调后，中央一般不干预其内部事务。但是土官的任免权是掌握在中央政府手中的。

公元1368年，明太祖朱元璋建立明朝，重新恢复了汉人统治，但是明、元是一脉相承的，明仍继承了元的礼乐、行省和土司制度等。明代的民族政策较元代有了进步，这既是元朝大统一的形势下各民族密切联系而产生的客观要求，也是明统治者总结元亡历史经验所得。明太祖朱元璋虽在反元斗争中提出"驱逐胡虏，恢复中华"的口号，但国家一建立，便明智地摒弃不用了。他声明：蒙古、色目人"能知礼仪，愿为臣民者，与中夏之人抚养无异"（《明太祖实录》卷二六）。至明成祖时进一步指出："近世胡元，分别彼此，柄用蒙古鞑靼，而外汉人南人，以至灭亡，岂非明鉴！"（《明太宗实录》卷一三四）他们都宣称："蒙古、色目人皆吾赤子"，"一视同仁"（《明太祖实录》卷五一）。正是在这种思想的指导下，明代涌现出一大批少数民族出身的功臣良将、文艺科技人才，他们和各族人民一起，共同为中华民族的历史发展作出了贡献。

在民族政策上，明朝对元代也多有继承，同时又有一定改造与发展。例如在西藏地区仍实行政教合一的管理体制。最突出的表现是明朝继承了元代的土司制度，建国后又册封了一批新的土司。明代土司制度比元代更为完善和严密，中央对土司的管理进一步加强，形成了土司与行省的布政使司、都指挥使司，以及中央的礼、户、吏、兵之间严密的隶属关系。从明成祖时起到明神宗止，明朝又在一定范围内实施改土官为流官的"改土归流"政策。这是为了改革元以来土司制度产生的一些弊病，如土司间经常发生一些仇杀与争夺继承权之争，不利于对地方统治。永乐十一年（公元1413年），贵州思州、思南二地土司发生仇杀，明政府派兵平息战乱后，改由中央派官吏到此进行管理。以后一旦发生类似情况，中央政府往往采取改土归流的手段，有利于边疆与内地的经济、文化交流，对边疆地区开发有一定进步意义。

清朝是中国历史上第二个由少数民族建立的统一皇朝。自明末努尔哈赤以"七大恨"为由举起了反明旗帜，努尔哈赤子皇太极继承了其父事业。1626年，努尔哈赤在宁远战败，气恨而殁。皇太极被推举继承汗位，继续对明战争。1636年，皇太极自称皇帝，改国号为"清"，改族称为满洲族，至此，清朝已完全控制了东北。1644年，清朝乘李自成领导的农民起义军灭明之际，大举入关，攻入北京，剿灭李自成、张献忠领导的农民军，消除南明政权的抵抗，平定了以吴三桂为首的三藩之乱，统一了台湾，尤其在康、雍、乾三朝，集中力量统一了天山南北，加强对西藏和西南其他地区的控制，缔造了一个"东极三姓所属库页岛，西极新疆疏勒至于葱岭，北极外兴安岭，南极广东琼州之崖山"（《清史稿·地理志》）的多民族统一国家，基本奠定了近代中国的版图。

作为少数民族建立的皇朝，清朝刚入关时在处理民族问题时主要针对汉族，强制汉人满化。在南下占领江南后，清室颁布了剃发、易衣冠令，汉族人民虽强烈反抗，最终仍被迫屈从。然而汉族的传统文化却仍得到了保留，实质是，清朝制度和文化几乎沿袭了明朝全部封建法制和政治机构。人数较少的满洲人进入中原后，和汉族人杂居，产生了自然的汉化趋势。最突出的是清朝诸帝，均孜孜不倦地学习经史典籍，涉猎诗文，具有极高的汉文化修养，乾隆帝竟称得上古今以来诗作数量最多的诗人。而上行下效，满洲贵族学习汉文汉语也蔚然成风。

清朝政府非常重视少数民族事务，今天的 56 个民族在当时已基本形成，分布地域也大致确定，因此，民族问题显得至为重要。于是清朝在中央设立了以管理蒙藏事务为主的理藩院，由满蒙贵族充任官员。在中南、西南地区，则普遍推行改土归流政策，加强对边疆地区直接的统治。更突出的是清前期在反击外国侵略，巩固边疆方面建立的不可磨灭的功勋。17 世纪中叶，当沙俄侵略者入侵黑龙江下游时，清廷派官兵和水师将他们驱逐出去，并于 1689 年（康熙二十八年）与俄签订了《中俄尼布楚条约》，划定国界，维护了中国的领土主权。18 世纪，又粉碎了英国殖民者入侵阴谋，保卫了西藏边境的安全。19 世纪初，英国殖民者又指使民族败类张格尔骚扰西北边境，也被清廷派兵平定。这些斗争都得到了各族人民的共同支持。也只是到了近代鸦片战争后，清朝积贫积弱，中国才处于受西方列强宰割的地位。

总之，在元、明、清三代，国家的长期统一，为各民族的发展提供了良好的条件，东南西北边疆各民族都有了长足进步。

北方自元朝灭亡后，少数蒙古族退居漠北，而散处各地的蒙古人多"更姓易名，杂处民间"（《皇朝经世文编》卷七三）。这时，漠北蒙古人们仍处于游牧状态，蒙古贵族因争夺牧地而经常发生战争，终于在明初分裂为东西两部，东部称鞑靼，西部称瓦剌。鞑靼、瓦剌各部与明朝长期对立，或战或和。15世纪中叶，瓦剌势力强大起来，首领脱欢及其子也先一度统一蒙古。也先进犯明边境，在土木堡大败明军，俘明英宗。15世纪末，鞑靼达延汗再度统一蒙古。16世纪中叶，漠北喀尔喀万户分为札萨克图、土谢图、车臣三部；漠西瓦剌分为准噶尔、杜尔伯特、土尔扈特、和硕特四部。漠南蒙古在俺答汗时与明关系密切，建立贡市，又招徕汉族农民到蒙古地区从事农业生产。明末，女真建立后金，漠南蒙古归附后金。清建国后，其贵族被封为亲王、郡王、贝勒等爵位，并与清联姻，成为其得力助手。漠北喀尔喀蒙古和漠西、青海的厄鲁特蒙古（即原瓦剌）也向清朝称臣纳贡。后来，厄鲁特准噶尔部自恃强大，兼并厄鲁特四部，占据天山南路，举兵进犯喀尔喀和漠南蒙古。直到1757年（乾隆二十二年），清朝才平定这股割据势力，把蒙古完全置于自己的控制之下。

东北地区的少数民族主要有今居住于东北三省的

赫哲族、锡伯族、朝鲜族；居住在内蒙古的达斡尔族、鄂温克族、鄂伦春族。朝鲜族是明末清初后陆续由朝鲜迁入的。赫哲族与满族同源，至清初才形成稳定族体，衣皮使犬，从事渔猎生活。锡伯族自称是鲜卑人后裔，分布在松花江中游和辽河流域，以游牧为生。后金将其编入八旗，迁徙到东北各地，又远戍云南、新疆。达斡尔人自称为契丹后裔，也同锡伯族一样被调至东北、西北各地。鄂伦春与鄂温克族源相同，均与室韦有关，鄂温克人后被清廷迁至大兴安岭嫩江各支流流域。

西北地区的主要少数民族有居住于新疆的畏兀儿族、哈萨克族、柯尔克孜族、塔吉克族、乌孜别克族、塔塔尔族、俄罗斯族；居住于今甘肃、青海的土族、裕固族、东乡族、撒拉族、保安族和居住在今宁夏、陕西和甘肃的回族。

元代西北地区主要少数民族是畏兀儿族，它是由唐宋时的回鹘发展而来的。成吉思汗时，畏兀儿主动臣属，因而在元统治下社会地位较高。畏兀儿人善于理财，对元经济影响很大。元在畏兀儿地区设置了提刑按察司、宣慰司和都护府等。明建立后，诸部又纷纷归附明廷，以入贡的形式与明保持政治、经济联系。1678年（康熙十七年）以后，天山南疆地区为蒙古准噶尔部所控制。从1755年到1759年（乾隆二十到二十四年），清廷先后平定准噶尔贵族之乱和与他们勾结的白山派大小和卓图谋建立"巴图尔汗国"的分裂活动，完成了对天山南北的统一。1762年（乾隆二十七年），清廷在伊犁设立伊犁将军，统辖今新疆巴尔喀什湖以南、以东的军政事务；在乌鲁木齐设都统，节制天山以北各地大臣；在伊犁、塔城、喀什噶尔设参赞大臣、喀什噶尔大臣节制天山以南各地。清廷还因地制宜，采用三种地方行政制度：其一，在乌鲁木齐以东实行同于内地的府县制；其二，在哈密、吐鲁番、鲁克沁等地实行札萨克（蒙语，意为旗长）制，由旗札萨克全权管辖部属；其三，在天山以南维吾尔聚居地区实行伯克（突厥语，意为首领）制，但伯克不世袭，由清廷任命。清朝统一新疆后，新疆社会趋于安定，赋税有所减轻，垦田面积扩大，维吾尔族和新疆其他少数民族都走上了历史发展的新阶段。他们在维护民族团结和祖国统一的斗争中作出了巨大贡献，协同清廷粉碎了阿睦尔撒纳、张格尔及其兄玉素甫等的分裂活动。

西北地区诸少数民族与古代民族有着渊源关系，且在形成过程中融合了其他诸多民族。如哈萨克与汉代乌孙及后来的突厥、回鹘都有渊源关系，柯尔克孜族源可上溯坚昆、黠戛斯，在元明时又融合了天山地区的突厥、蒙古族而最终形成。土族源于吐谷浑，在形成中则融合了突厥、汉、蒙古等族。元、明、清以来，加强了对西北地区的联系和管理，如分布在甘肃行省沙漠地区的土人，其首领在元朝时担任地方官，明清时担任土司、土官。明代在裕固人当地设卫，后因受察合台后王侵扰，将各卫迁至关内，裕固人也从而入关。居于甘肃宁夏东乡的东乡族，明朝在当地建立里甲制，清代则设置社会组织，再如撒拉族，元朝任命撒拉族首领为世袭达鲁花赤，明设土司、土官，清建立"工"（相当于乡）作为行政单位。由于与中央联系的加强，西北少数民族的经济也有了发展。

回族是从元代开始形成的。早在公元 7 世纪中叶，大批阿拉伯商人由海路来唐朝经商，定居于广州、泉州、杭州、扬州等地。这些信奉伊斯兰教的穆斯林在中国建筑了最早的清真寺。唐肃宗在位期间，曾向大食（即阿拉伯）借兵三千。后来这些大食将领居留长安，娶妻生子，但仍保持原来信仰，被称为"番客"，元时称为"回回番客"。13 世纪初叶，成吉思汗西征时，征调了大批中亚和西域的穆斯林当兵，组成"回回军"，他们随蒙古军东来，转战四方，后又被派往各地驻防。当时，他们虽已被称为回回，但还未形成民族共同体。经过长期定居，明时回回形成一些较为集中的聚居地，主要分布于甘肃、宁夏、陕西、新疆和云南，他们有着共同的信仰和生活习俗，于是逐渐形成了回族。回族在形成过程中，既融合了一些信仰伊斯兰教的蒙古人和维吾尔人，又通过联姻融合了部分汉人。其经济生活大致与汉族相同。

元朝结束大理的长期割据状态，设置宣政院管理西藏，澎湖巡检司管理澎湖、台湾列岛，对多民族统一国家的繁荣昌盛作出了杰出贡献，为南方各民族在中华民族大家庭的发展创造了条件。

在青藏高原和川西地区，藏族是主要民族，此外还有门巴族、珞巴族和羌族，而元、明、清三代对西藏的管理成为这一时期民族关系发展的最重要内容。

佛教传入藏区后，在吐蕃形成了众多的派系，构成藏传佛教，即喇嘛教。各教派上层人物与贵族领主结合，逐渐形成了政教合一的统治体制。1247 年，蒙古王子阔端在凉州与吐蕃萨斯迦教派萨班及其侄八思巴会晤，决定西藏归顺事宜。从此，西藏正式归入中国版图。元世祖时在中央设立宣政院，专管西藏事务，以八思巴为帝师，兼领宣政院事务。宣政院下设 3 个宣慰使司都元帅府，从而将藏族地区全部纳入中央政府有效管辖之下，元末，萨斯迦派衰落后，取而代之的噶举派一支帕木竹巴得到元廷承认。明朝因西藏旧俗，继续实行政教合一统治体制，设置朵甘、乌思藏行都指挥使司和俄力思军民元帅府。同时，明廷还赐以喇嘛各教派的领袖人物法王、国师、禅师等封号。当时，整个藏区社会安定，经济文化繁荣，藏汉之间保持友好的关系，茶马贸易兴盛。

15 世纪初，喇嘛教格鲁教派（即黄教）兴起。明末清初，黄教领袖联合厄鲁特蒙古的和硕特、准噶尔部建立统治。1652 年（顺治九年），五世达赖到北京朝见清世祖，接受清廷册封。后来，由于准噶尔部在西藏烧杀劫掠，清廷正式派兵入藏，废除蒙古诸部对西藏控制。尽管清朝早已设置理藩院，到 1728 年（雍正六年），又设立驻藏大臣办事衙门，会同地方办理西藏行政事务。1793 年（乾隆五十八年），清廷颁布《钦定藏内善后章程》，对驻藏大臣的职权，达赖和班禅的地位，以及西藏地区的行政、司法、军制和涉外事宜等都作了明确规定，从而加强了中央对西藏地方的统治，巩固了边防，有利于国家统一。

云南是少数民族云集地区，按现代民族称谓，主要分布着彝、白、哈尼、傈僳、拉祜、纳西、基诺、景颇、独龙、普米、怒、阿昌、傣、佤、德昂、布朗等族。

由于地形阻隔，西南各少数民族经济、政治差异很大。那些属于偏远地区的大多仍处于氏族部落阶段，从事渔猎采集，即使有一些农业，也只是一些简单的刀耕火种，如傈僳、景颇、怒族都属于这种情况。而那些居于平坦地带或交通便利地区的少数民族则发展较快，如彝族一部分、白族、纳西族和百夷等，他们的农业比较发达，已经基本接近于汉族水平。

基本或主要分布于贵州的少数民族有苗、布依、侗、水、仡佬族。分布在湖南、湖北西部的有土家族。

苗族分布在川东、湘西、桂北和滇东等地。他们在山坡上建成层层梯田，以种植水稻为主，牛耕和施肥已被广泛运用，生产力有很大提高。但由于苗族散居各地，因自然条件不同，发展各有差异，因而被分为"生苗"、"熟苗"。随着汉苗关系的不断加强，"生苗"转变为"熟苗"的日益增多。元、明都在苗族地区设立土司、土官进行管理。清廷实行"改土归流"，对于打破苗族地区封闭状态，促进社会进步有一定好处。鄂西单一土著居民土家族，由于历代汉人迁入，发展较快，文化水平也有所提高。

主要或基本居住在广西的有壮、瑶、仫佬、毛南、京族，居住在东南沿海的有黎、畲和高山族。

元朝在左江实行屯田，促进了壮族地区的农田水利建设。明、清是壮族经济文化迅速发展时期。农业进步很大，皆耕田而食，田种水稻、杂粮，采用间作技术，筑塘蓄水。手工业中壮锦、泥兴陶最为有名。壮族在居住地各处还设有书院，文化教育较发达。仫佬族、毛南族因分布地区不同，各有差异，大部分仍处于原始阶段。

海南岛上的黎族社会经济有明显发展。他们与汉族关系密切，交流频繁，生产水平几无差异。但五指山的黎族及闽东、浙南、皖地的畲族仍较落后。高山族主要成员来自古代越人，唐以后有马来人迁入，明清时被称为东番、夷蕃族。高山族长期处于原始社会阶段。16 世纪后，他们遭到日本、葡萄牙、荷兰等外国侵略者欺侮掠夺，奋起反抗。明末郑成功收复台湾，及清统一台湾，对高山族的发展产生较大影响。平原地区农业大多使用先进的铁制农具和牛耕，但山区仍以狩猎经济为主。

总之，元、明、清以来是我国南方少数民族发展较快的时期。但是，由于自然条件的差异，各族之间及民族内部社会发展不平衡的状况极其突出。中央在少数民族聚居地最初设立土司制度，以后又进行改土归流，通过不同的手段促进了边疆地区的开发及与内地经济、文化交流，这些历史贡献是不可抹杀的。

 **各族人民的伟大贡献**

我国自古以来就是一个多民族的国家，各民族都为缔造祖国光辉灿烂的历史和绚丽多彩的文化作出了自己的贡献，中国之所以能成为一个疆域辽阔、人口众多、文化灿烂、历史悠久的国家，并且数千年来文明延续不断，在全世界文明史上成为一个奇迹，首先必须承认，这是构成中华民族的各族劳动人民长期奋斗、共同创造的结果。

汉民族是缔造祖国历史的主体民族。汉民族形成较早，由于人口众多，居住地区广大，在政治、经济、军事和文化上处于先进的地位，因而对周边的少数民族产生了强大的吸引和影响作用。在长期的历史发展中，她保持着强大而稳定的态势，一直发挥着主导作用。

汉族在中华民族历史发展中的贡献主要表现在以下几个方面。

一是建立了当时先进的政治制度。和少数民族相比，汉族很早就跨入了文明社会的门槛。汉族统治阶级创立的政治制度比起少数民族的落后政权，更有利于促进生产力发展。由中央建立起的集中、有效地对全国统治，能避免各种分裂割据势力对历史发展的破坏，使经济、文化等朝着既定、有序的方向发展。

最突出的是专制主义中央集权制度的确立。公元前221年，秦始皇统一全国后，随即创立的这套政治体制为以后历代皇朝统治者承袭，并不断补充、完善，成为中国古代社会政治的一大特色。它的特点就是专制皇帝总揽全国政治、经济等各种大权，同时在中央配备一套官僚辅佐机构，并推诸地方，通过官僚上下之间的层层控制和相互牵制，建立起一个庞大的帝国统治构架。随着历史的发展，专制主义中央集权的种种弊端也逐渐暴露，如运转缓慢、机构冗散、官僚徇私舞弊等，但是它的最大的积极意义却是不可否定的，那就是，在中国这样一个地大人多的国家，它能够比较有效地调动全国力量，而我国两千年以统一为主的局面也不能说不与此有关。

在法律制度方面，中华法制历史悠久，自成系统。早在战国时，就有了李悝、商鞅制定的法律。秦统一全国以后，自秦律、汉律、唐律、明律、清律等，几乎历代皇朝都修订法律。历代法制虽主要服务于统治阶级利益，且常常"人治"大于法制，但对于调节社会生活仍有着一定的积极作用。在官吏选拔方面，从汉朝的察举、征辟制逐渐发展到隋唐以后的科举制度，官吏选拔有了比较客观、系统的标准，有效地满足了专制体制对官僚的大批量需要。

二是形成了稳定的农业经济。汉族是农业民族，汉族人民以村落为居点，过着"日出而作，日没而息"的定居生活。农业经济的特点就是生产比较稳定，物质积累也较容易，因而，即使遇到天灾人祸影响农业收成，也可借丰年积蓄物资补足。而不至像许多游牧民族那样有灭顶之灾。这样，以农业生产为基础的农业文明就相应地发育早，发展迅速。稳定的农业因而成为整个封建社会的支柱，手工业、畜牧业、商业等都在此基础上形成。

粟、粱、稻、稷等是汉族人民的主食，它们最早由汉族的先祖们培育出来，后来汉族人民又引进了少数民族培育出来的小麦，改良品种，普遍种植，使它成为又一主要粮食作物。在长期的农业生产中，汉族使用的农具也不断改进，促进了生产的发展。例如秦汉时，汉族农民已普遍使用铁制工具和牛耕进行生产。西汉时三牛二人的耦犁法在东汉后发展为二牛一人的犁耕法，节省了劳动力，提高了生产效率。另外，汉族人民还注意总结农业经验，将其上升为科学理论，因而产生了一大批农业著作。比较突出的如北魏末贾思勰的《齐民要术》，集周秦至北魏农业生产经验之大成，内容包括土壤整治、肥料施用、精耕细作、防旱保墒、选种育种、作物栽培、果树嫁接、禽畜饲养、食品加工、粮食储藏等各方面，对北方农业生产起了重要的指导作用。再如可视做 17 世纪农业百科全书的明人徐光启所著《农政全书》，全书分农本、田制、农事、水利、农器、树艺、蚕桑、蚕桑广类、种植、牧养、制造及荒政等 12 部分，系统地总结了 17 世纪以前农业生产经验，材料丰富，内容全面。

由于农业生产深受自然条件，如气候、水利等影响，因此，汉族人民在这些方面也有丰富的经验。汉族最先发明了农历，积累了大量天文、地理知识。最突出的是在治水方面的成就。早在史前时代，就有"大禹治水"的传说，进入封建社会后，历代有作为的汉族帝王，都重视水利灌溉事业，整治黄河，疏浚陂渠，开挖池塘等。汉武帝整治黄河，曾下令将军以下的官员都亲自负土，参加劳动。智慧的劳动人民还发明了许多灌溉工具，如桔槔、翻车、筒车等。

农业的发展还促进了手工业和商业的发展。汉族人民在铸铜、冶铁、纺织、陶瓷、漆器、金银、建筑、造船、制茶、酿酒等方面都有突出成就，其手工业品远销中亚、欧洲，深为世界各国人民喜爱。商业方面主要体现在众多的大都市的出现，其中还有许多是国际贸易城市，如扬州、泉州、广州等。

三是创造了丰富的科学文化。中国作为世界上"四大文明古国"的一员，其主要原因便是黄河、长江文明的发展。作为华夏族后裔的汉民族最早发明文字和使用青铜器，跨入文明社会。以强大的政治、经济力量为依托，科学文化也发展迅速，领先于国内各族，而且在世界上产生了深远的影响。

古代汉族思想文化的核心就是儒家思想。它最早由春秋时孔子所创，后来经历代儒生不断发展，如秦汉时董仲舒创立了"天人感应"、"大一统"学说，宋明时期朱熹、王阳明等从不同角度予以阐释，日益完备、系统，并直接服务于封建政治统治体系，成为明确的官方意识形态。

在科学技术方面，汉族人民成就更是不胜枚举，除上述农业、手工业外，在天文、历法、数学、医学、化学、物理学等方面均有突出贡献。如我国有世界上最早的历法——《夏小正》，最早记载哈雷彗星的著作——《甘石星经》，祖冲之最早将圆周率准确到小数点后七位等，尤其是"四大发明"，即造纸术、印刷术、火药和指南针，对世界文明的发展都产生了深远的影响。

当然，我们在强调汉族人民伟大贡献的同时也绝不应忽略少数民族在缔造民族历史过程中的客观作用。由于少数民族大都居住于边远地区，自然条件相对较差。北方少数民族一般以畜牧业为主，过着不定居的游牧生活。南方少数民族则大多居于深山之中，有部分从事农业，但大抵仍处于刀耕火种的原始阶段。由于游牧经济深受气候条件影响，脆弱而不稳定，社会财富很难积累，这也直接影响了少数民族的文明进程，因而，北方大草原始终未能建立起统一、安定的专制政权。但尽管如此，四方少数民族仍艰难地迈着前进的步伐。

第一，由于少数民族主要生活于周边地区，他们开拓、奠定了祖国辽阔的疆域，进入近代以后，又以鲜血和生命捍卫了祖国领土完整。对于这点，著名史学家范文澜有很精辟的论述："依据历史记载，共同开发中国的各民族，一般说来，汉族最先开发了黄河流域的陕甘及中原地区，东夷族首先开发了沿海地区，苗族、瑶族最先开发了长江、珠江和闽江流域，藏族最先开发了青海和西藏，彝族和西南各族最先开发了西南地区，东胡族最先开发了东北地区，匈奴、鲜卑、柔然、突厥、回纥、蒙古各族先后开发了蒙古地区，回族和西北各族最先开发了西北地区，黎族最先开发了海南岛，高山族最先开发了台湾。所以按照汉族今天居住区看来，似乎中国领土上的绝大部分都是汉族开发的，其实，其中不少地区最先开发者，却是已经消失了的和现实存在并发展的许多民族。"（《中华民族的发展》,《学习》1950 年第 3 卷第 1 期）的确，中国的疆域正是在少数民族对边疆已有开发的基础上，汉族人口与少数民族相互渗透、交融，从而一次次扩大的情况下形成的。

对于开拓边疆的诸民族，无论是现存的，还是已消失的，其功绩都绝不应抹杀，例如匈奴是北方的游牧民族，自战国秦汉以来，不断南下侵扰，对汉族人民的生产生活造成极大的破坏。但是，他们很早就在北方大草原上生活，至西汉初年，匈奴杰出的部落首领冒顿单于"以控弦之士三十余万"，东灭东胡，西逐月氏，南并楼烦、白羊、西平浑庾、屈射、丁零、鬲昆、薪犁等部落，后来又进一步征服西域 26 个小国，所谓"诸引弓之民，并为一家，北州以定"（《汉书·匈奴传》）。匈奴将北方广大的游牧地区统一为一个大区，正如秦、楚各自统一了一个大区为中国大统一准备了条件一样，功不可没。与匈奴汗国相类似的还有后来出现的突厥汗国、回鹘汗国，东北的渤海国，西部的吐蕃王朝、黑汗王朝，西南的南诏、大理国，等等。总之，由局部地区的统一进而发展起全国大统一格局，这是各民族共同开拓和缔造的结果。

第二，少数民族对于我国物质文明的发展作出了贡献。一般说来，少数民族多从事畜牧业，过着游牧生活。在长期的生产中，他们培养出了不少优秀的牲畜品种，如北方民族驯养的马、驼、羊自古有名，而西域和匈奴驯养的驴、骡被称为"奇畜"。这些不光对我国畜牧业的发展和畜牧良种的养殖起了重要作用，而且对汉族农业经济的发展也起了积极影响。早在汉代时，汉族与匈奴就通过关市进行贸易，从匈奴那里获得马、牛、羊、骆驼、驴、骡等牲畜，同时又从匈奴那里学会了驯养驴、骡的技术。少数民族在农业方面也有独特的创造。粮食作物中的大麦源于青藏高原的民族，小麦则由天山南路民族最先种植。经过各族之间的频繁交流和相互学习，这些作物今天已在全国大部分地区普遍种植。经济作物，例如各民族都喜爱的茶，是由南方民族最早发现和生产的。最重要的和最普遍的棉花，则是经由少数民族从两个方向传入中原的：一是非洲棉，东汉时传入我国新疆地区，再由新疆少数民族传入中土；一是亚洲棉，原产印度，最先传入我国南方黎族和壮族，再由黎、壮族传入中土。我国古代的一些农书如贾思勰的《齐民要术》等，其中记载了大批由少数民族培育的农作物、瓜果，包括胡豆、黄豆、高丽豆、黑高丽豆、穄小麦、胡瓜、胡葱、胡蒜、胡荽、苜蓿、胡桃、葡萄、安石榴等。

少数民族还有独具特色的手工业。一般而言，北方游牧民族擅长毛革和骑具手工业，南方少数民族丝织纺染比较突出。例如新疆维吾尔族的地毯、柯尔克孜刺绣擀毡；南方壮、黎、苗、傣、侗等族的锦、挑花和纺织，苗、瑶、布依等族的蜡染，土家族的"西兰卡普"，等等。

少数民族对内地人民的生活习俗影响也很大。赵武灵王学习北方匈奴"胡服骑射"的故事早已广为人知。自西晋以后，更是广泛地影响普通百姓生活。在

《齐民要术》中有胡炮肉、胡饼、胡饭等记载。至唐代，胡服、胡食更是盛行于长安，史称唐"开元来……贵人御馔，尽供胡食，士女竞衣胡服"（《旧唐书·舆服志》）。南宋朱熹也说："后世衣服，固未能争猝服先世之服，且得华夷稍有区别。今世之服，大抵皆为胡服，如上领衫，靴鞋之属。先王冠服，扫地尽矣。自晋五胡之乱，后来遂相承袭，唐接隋，隋接周、周接北魏。"（《朱子语类》）由此可见，少数民族的生活习俗对中原产生了广泛而深远的影响。

第三，少数民族对我国精神文明的发展也作出了卓越的贡献。

首先，许多少数民族都有自己的语言文字，其中有些已经消失，如佉卢文、焉耆龟兹文、于阗文、突厥文、回鹘文、西夏文、契丹文、察合台文、八思巴文、东巴文、哥巴文、女真文等，还有一些则仍使用，如蒙古文、藏文、哈萨克文、傣文、锡伯文、朝鲜文、彝文等。这些文字生动地记载了各族人民的生产和生活情况，成为研究民族历史的宝贵史料。

其次，少数民族在音乐、舞蹈、绘画等艺术方面也有很大的成就。少数民族大抵能歌善舞，笛子、胡琴、琵琶、筚篥、小鼓、腰鼓等乐器都最早为少数民族制造。从汉朝南蛮的歌舞开始在宫廷中表演和吹奏，少数民族歌舞成为宫廷音乐不可或缺的部分，其中北朝、隋、唐、元、清各代尤为突出。少数民族的著名画家很多，如唐代于阗人尉迟乙僧，辽时契丹人胡瓌等，他们往往用笔墨惟妙惟肖地表现本族人民的自由欢快的游牧狩猎生活，具有很高的艺术品位。

少数民族在文史方面也产生了一批重要著作。如蒙古族三大历史巨著《蒙古秘史》、《蒙古黄金史纲》、《蒙古源流》，制作宏伟，气势非凡。藏族的《西藏王统纪》、傣族的《泐史》、彝族的《西南彝志》、满族《满文老档》等都是重要的史学著作。元、清两代还组织学者编写正史如《宋》、《辽》、《金》、《明》史。少数民族还有一大批优秀的文学作品，最典型的有三大史诗：藏族的《格萨尔王传》、蒙古族的《江格尔传》、柯尔克孜族的《玛纳斯》。此外如维吾尔族的《福乐智慧》、傣族的《召树屯》、纳西族的《创世纪》、彝族《阿诗玛》都是世界文学宝库中的艺术精品。

少数民族科学家的杰出成就，则在我国古代科学史上写下了光辉的篇章。元代天文学家、地理学家札马剌丁是回回人，他编制《万年历》，创新了许多天文仪器，还主编了地理图志。另外，回回建筑家亦黑迭儿参与元大都建筑设计，水利学家赡思撰著了《河防通议》。维吾尔族人鲁明善是杰出的农学家，他所著《农桑衣食撮要》与《农桑辑要》、《农书》齐名，为元代三部著名农书之一。清代著名的蒙古族数学家、天文学家明安图著有《割圆密率捷法》，又参与修撰了《律历渊源》等三部天文历法著作。

尤其值得一提的是，少数民族在我国历史发展中还起了中西交流的桥梁作用。自西汉时张骞通西域，开辟了"丝绸之路"，途经河西走廊、天山南北。这里从此成为中西文明交汇的窗口。佛教、伊斯兰教首先在此传播，然后进入内地，对中国传统文化产生了难以估量的影响。世界其他国家的科技文化、生产技术如唐时天竺的熬糖术、天竺歌舞也由此传入。

西北地区的回鹘、畏兀儿、回回等族先后曾有大批人从事商业活动，他们往来于中原与边地，进一步促进了文化的交流与传播。

# 四　中华民族大家庭

＊中华各民族地域上交错分布，经济上共通互补，文化上水乳交融，终于建立起心理上的认同，形成多元一体的格局。

＊中华民族无比顽强的生命力，来自她无比强大的凝聚力，是她赖以统一、独立、生存和发展的内在动力。

＊不管潮起潮涌，风云变幻，我们中华民族的发展始终没有中断，特别在这个世纪末的转折点，焕发出前所未有的光辉。

 **1　多元一体的格局**

中华民族是"由许许多多分散存在的民族单位，经过接触、混杂、联结和融合，同时也有分裂和消亡，形成一个你来我去、我来你去，我中有你、你中有我，而又各具个性的多元统一体"（费孝通撰《中华民族的多元一体格局》，《北京大学学报》1989 年第 4 期）。多元一体的格局是对我国民族历史发展与分布现状最精确的概括。长期以来，中华各族人民能够友好相处，齐心协力，共同创造了辉煌灿烂的物质、精神文化，这是与各民族虽"多元"却"一体"的存在状况分不开的。

在中华民族的多元一体格局中，所谓多元，即指"50多个民族单位"，所谓"一体"，就是"中华民族"这个实体本身。50多个兄弟民族各有其起源、形成、发展的历史，文化、社会也各具特点，区别于其他民族，这就是多元形成的原因。一体则是由于各民族的发展相互关联，相互补充，相互依存，有不可分割的内在联系和共同的民族利益相维系。总而言之，中华民族"多元一体"的特点正是由于各民族个性的差异和共性的相通而产生的。

多元一体格局的产生是有着特定的历史渊源的。早在石器时代的黄河、长江流域就为华夏汉族的祖先华夏部落集团先民们所居住。他们包括传说中的炎黄部落集团、东夷集团以及南方苗蛮集团，他们在相互的战争与融合中开创了中原地区的文明，奠定了后世华夏族的核心和基础。现存新石器时代的文化遗址主要包括：黄河中游前仰韶文化—仰韶文化—河南龙山文化；黄河下游青莲岗文化—大汶口文化—山东龙山文化—岳石文化；长江中游大溪文化—屈家岭文化—青龙泉文化；长江下游河姆渡文化—马家浜、崧泽文化—良渚文化。费孝通教授在其《中华民族的多元一体格局》中指出："中华民族的先人在文明曙光时期，公元前五千年到前两千年之间的三千年中还是分散聚居在各地区，分别创造他们具有特色的文化，这是中华民族格局中多元的起点"，但"在这多元格局中，同时也在接触中出现了竞争机制，相互吸收比自己优秀的文化而不失其原有的个性"。由于黄河、长江流域自然条件较好，适于早期人类的生产和生活，尤其适于农业耕作，所以这里很早就产生了比较优越的农业文明。与经济的发展相适应，中原地区也随之孕育了中华民族的核心——华夏/汉族。汉族以农耕经济为特点，生活区域主要在内陆腹地。古代社会早期其经济中心在黄河流域，后期转至江南。农业文明以其便于积累的特点，在以后的历史发展中一直保持了其相对优越地位并随华夏/汉族发展向四周辐射，影响着其他地区。

相对于华夏/汉族中原中心分布特点，少数民族主要分布于华夏/汉族的四周和中国的周边地区。最初的情形是，除中原地区的华夏部落集团外，我们广袤的国土上还存在着其他众多的氏族部落，他们很可能就是后代少数民族的先祖。因而从远古时代就有"东夷、南蛮、北狄、西戎"的说法。由于自然条件的限制，他们大都以畜牧经济为主，农业生产不发达。畜牧经济有着极大的脆弱性，在一定程度上阻碍了文明的发展。历史进入战国时代以后，在北方筑起了一道长城，它几乎成为北方游牧民族与南方农业民族的一道天然分界线，同时也在一定程度上规定着文化风俗等差异。北方的少数民族，如匈奴、鲜卑、蒙古、满族，他们进入中原地区，都必须首先打破长城的封锢。在南方地区，也有着众多的少数民族，但多分布于深山僻岭地区，他们虽有一些从事农业耕作，但一般生产水平都较低，大都处于刀耕火种的原始农业阶段。

这样，自然条件的差异在历史上的长期积淀，产生了汉族与其他少数民族个性的差异。那么，这种差异具体表现在哪些方面呢？

华夏/汉族以经营农业为主。在半坡遗址中发现了粟粒，这说明仰韶时期黄河流域已开始种粟，南方河姆渡时期的人们则培育出了水稻。在华夏祖先中，有众多的农业神的形象，如神农氏制作耒耜农具，嫘祖养蚕治丝。在数千年的古代社会，中原农业经济的特点就是男耕女织、自给自足的小农经济。家庭畜牧业只是为了服务于生产和生活，规模很小。除此之外，只有少量的手工业和商业，以补充农业的不足。农业生产需要安定的环境，所以汉族人多以村落的形式聚居，安土重迁，在此基础上发展出成熟的国家形态。而少数民族主要分布于周边地区的山地、高原地带，自然条件较差，一般不从事农业生产，大都以经营畜牧业为主，如战国至秦汉时的匈奴、东胡，汉以后的鲜卑、氐、羌、乌桓，唐时的突厥、回纥、吐蕃的一部分，宋代的部分契丹，元代的蒙古，明代的一部分女真，及以后藏族的大部分，都以经营畜牧业为主。畜牧生活逐水草而居，游移无定。少数民族则大都居毡房，乘大车。如历史上的少数民族高车即由此而得名。在南方地区，也有一些居于农业区的少数民族，但生产水平一般都很低，常处于衣食不足状态。

在思想文化方面，汉族文化的发展经历了由先秦以来的多元向汉以后以儒家文化为主流的变迁。儒家文化是中原农业文化的核心内容，哲学、文学、史学、艺术等各方面文化的实质无不体现于此。儒家为春秋时孔子所创学术流派，经董仲舒等汉儒改造后，提出"罢黜百家，独尊儒术"，正式成为官方哲学意识形态。以后历代儒生不断丰富发展，但其精神实质始终没有改变，即强调"大一统"的观念，主张中央集权，实行对全国的有效管理。而少数民族由于从事的畜牧业易受自然灾害影响，物质积累比较困难，所以文化也就相对落后。但文字的不足又往往通过口碑等方式予以弥补，天马行空的游牧生活使许多少数民族都留下了恢弘的史诗作品。

作为一个民族还有一个最重要的特征，就是民族意识。以农业为特征的华夏/汉族由于文明发源较早，在物质、文化等方面具有一定超越性，因而往往有很强烈的优越感。他们奉黄帝为祖先，以"炎黄子孙"自许，将自己与戎夷蛮狄的界限划分得极为清楚，强调彼此在衣着、语言、饮食、风俗、区域等方面的种种不同。就少数民族而言，也大都具有强烈的民族意识。十六国时的石虎，由于国内民众多信仰佛教，大臣上书称"佛出是外国之神，非天子诸华所可宜奉"。而石虎不从，认为自己"生自边壤，忝当期运，君临诸夏，至于飨祀，应兼从本俗。佛是戎神，正所应奉"（《高僧传》卷九）。石虎的回答，在相当大的程度上代表了历史上的一些少数民族君主的心理。许多少数民族还有意识地保持本族传统，如回族就规定，回汉通婚，汉人必须改信伊斯兰教。

作为不同的民族，华夏/汉族与其他少数民族在生活地域、经济生活、思想文化、民族意识等方面存在着显著差异，这就是中华民族发展特点中的多元性。同时，我们更应看到，在各民族的个性差异中，更存在着共性的相通，它形成一种内聚力，决定着中华民族发展的趋势，是众脉一流，越来越扩大，也越来越巩固、团结。

就地域而言，华夏/汉族主要居于中原中心地区，而少数民族则分布其周围和四边。但这种格局绝非一成不变的。随着时间的推移，双方接触与交流的增多，地域上的分隔首先产生了松动。历史上以长城为界的农业、游牧两大区域板块并非完全对立，相反，生产方式的不同更增强了经济互补的必要性。以游牧经济为主体的少数民族，牧民也并非仅以乳肉为食，毛皮为衣，他们对中原所产的茶、盐、粮食等物品都有相当程度的需要，而中原人民也希望得到北方的马匹、皮毛等产品。在中国古代，供需双方的满足主要通过两个渠道来完成：一是统治政权之间的馈赠与互市，一是民间贸易。其中后者是主要的和经常的。边区贸易带来的民族地域分布的松动的一个较早、较明显的例子，就是在西汉末年，北方匈奴靠近中原农区的部分已稍南移，和附近的汉族边民杂居混合。到公元1世纪中叶，南北匈奴分裂后，这些南匈奴就留下来，逐渐进入关内。

少数民族地域的大规模变动则主要是通过少数民族统治者在中原建立政权而完成的。西晋灭亡以后，少数民族在中原地区建立了 20 多个政权，其中匈奴人建立的有 3 个，氐人建立的有 4 个，鲜卑人建立的有 7 个，羯人、羌人各建立 1 个。而后来兴起的北魏则完全统一了北方。魏晋南北朝时期出现的这种民族区域大变动的情况以后不断出现：两宋之际，契丹、女真人先后由东北而下，统治中原；蒙古族、满族则建立元、清两个全国性大统一的帝国。

同样，汉族人的居住区也并非一成不变，其总体趋向是向四周辐射，尤其向南扩展。早在战国时，楚将庄𫏋因入滇不得归，便自称滇王，他所带去的士兵也全都留在了当时被视做蛮荒之城的滇地。汉人改变居住区域有多种情形：一种是自愿移民，在边地，有部分汉族人因与少数民族经济交流的关系而搬入其居住区。再如西汉时，由于压迫剥削加重，"边人奴婢愁苦，欲亡者多，曰'闻匈奴中乐，无奈候望何急！'然时有亡出塞者"（《汉书·匈奴传》）。汉末及晋之后，由于北方战乱，大批汉人逃往辽东、河西，这儿因之成为北方汉人集聚中心。五代时战乱，也同样有大批汉人投入北方契丹居住区寻求保护。另外一种情形则是统治阶级强制性的移民，如秦始皇迁中原 50 万人入岭南与当地人杂居。而汉武帝收复河西后，在此建河西四郡，移入 28 万人，也主要是汉人。历史上西北地区著名的高昌国是汉人所建，高昌国人主要来源于汉魏时镇戍西北士兵和晋代难民后裔。另外，由于被掳掠、遭贩卖等特殊情形而流入少数民族居住区的汉人也很多。

其实，不仅少数民族与汉族分布地域有错动，各少数民族之间的地域变动，交错杂居的情况也不断发生，而且更普遍。在北方大草原上，众多的游牧民族相继登台亮相，先后有匈奴、鲜卑、丁零、柔然、敕勒、突厥、回鹘等少数民族，一个民族走后，总是有部分遗留下来，和后来的民族杂居。例如，东汉时南匈奴附汉，而北匈奴西迁后，仍有五六十万匈奴人滞留在草原上，"皆自号鲜卑，鲜卑由此渐盛"（《后汉书·鲜卑列传》）。又如拓跋鲜卑自大兴安岭密林南迁，经呼伦贝尔草原，多年后迁至阴山地区，其发展壮大就是吸收融合了大量的匈奴、丁零等民族。在西南地区，根据费孝通教授的研究，他认为藏、彝等族是由古老的羌民的部分发展而来，在"云贵高原的民族格局中实际上存在着六种民族集团"，从这里可以看出少数民族错居杂处的复杂情况。

由地域上交错变动产生了多方面的影响：人种的混杂，生产方式的改变，文化的融合互补，等等。这种深层次的"你中有我，我中有你"局面，才是所谓"一体"的真正含义，也只有这种意义上的"一体"，才是中华民族牢不可破的根本原因。

所以，我们讲中华民族的多元一体格局，就是指以地域上交错分布为基础，各族人经济上共通互补，文化上水乳交融，终而建立了心理上的认同。客观言之，这个过程是以中华民族主体汉族为"凝聚核心"

四　中华民族大家庭

而完成的。

华夏/汉族起源发展于黄河流域，长期以来从事农业生产，在此基础上孕育了水平较高的汉文化，对周边民族产生了强大的吸引力和辐射力。

汉族的农业经济，正如费孝通先生指出："任何一个游牧民族只要进入中原，落入精耕细作的农业社会里，迟早就会服服贴贴地融入汉族之中。"十六国时期，大批少数民族纷纷进入中原内地。我们可以看到，进入中原较早的前燕政权，在很短的时间内便迅速汉化，他们几乎完全采用汉族的封建剥削方式，征收赋税徭役，王公贵族大量荫庇宾客徒附，与汉族地主几无区别。北魏则在定都平城不久，便"离散诸部，分土定居"，解散原有的氏族部落组织，以地域为单位，分给氏族成员土地耕种。后来孝文帝实行著名的均田制既是沿袭魏初"分土定居"之制，也是采用汉地自古以来的土地制度。当然，也有一些少数民族统治者在初进入中原时试图予以抵制，如蒙古族、满族在立国之初都曾圈占大批土地作为牧场，以图保持原有的生产方式，但事实证明这样的道路终究是行不通的。

汉族的文化，尤其是讲究"治国"之道的儒家文化对周边少数民族产生了强大的吸引力和辐射力。他们仰慕汉族文化，一旦进入中原后就如饥似渴地学习、吸收和消化汉族传统文化。许多少数民族统治者都以习文倡儒为己任，他们当中也的确涌现出了一批有较高学术修养者。而由于统治者的在上提倡，所谓"上行下效"，从而引起了全国性的学习高潮，对于提高少数民族的文化修养有着不可忽略的推动作用。

十六国时期，匈奴贵族刘渊拜汉人儒者崔游为师，遍读经史兵法。他对同门朱纪、范隆说："吾每观书传，常鄙隋陆无武，绛灌无文。道由人弘，一物之不知，固君子之耻也。"（《晋书·刘元海载纪》）刘渊子刘聪，族子刘曜都有较高的文化修养。而后来兴起的辽西慕容氏建立的前燕则更有后来居上之势，史称前燕"路有颂声，礼乐兴焉"（《晋书·慕容廆载纪》）。十六国时期，最热心传统文化的少数民族统治者是前秦王苻坚，他把"修尚儒学"确立为自己的一项立国方针。当然，其后集大成者当属孝文帝，他作为一个"文治之君"推行的一系列改革在历史上留下了长远的影响。

两宋之际，西夏、金皇朝的少数民族统治者也同样以传统文化继承者的面貌出现。他们祭孔庙，倡儒学，习儒经。金熙宗完颜亶曾说："朕幼年游侠，不知志学，岁月逾迈，深以为悔。孔子虽无位，其道可尊，使万世景仰。大凡为善，不可不勉。自是颇读《尚书》、《论语》及《五代》、《辽史》诸书，或以夜继焉。"（《金史·金熙宗纪》）

在各少数民族中，清朝满族统治者在继承和发展我国传统文化方面可以说是出类拔萃的。清朝入关后，大力提倡尊孔读经，推行科举考试，整理出版古籍，对保存传统文化作用很大。

诚然，在中华民族这个统一体中我们强调汉族所起的核心凝聚作用，但少数民族在其中所起的推动作用也不容忽视。少数民族的游牧经济丰富了生产的内容，而马匹牲畜直接促进了中原农业发展。少数民族的毛皮等制品深为中原人民喜爱，因而成为边境贸易的主要内容。

此外，少数民族对汉族生活方式、文化艺术等也多有影响。最典型的如唐代，唐诗人元稹的《法曲》诗记载说："女为胡妇学胡装，伎进胡音务胡乐。"盛唐歌舞多彩多姿，正是魏晋南北朝以来少数民族传入内地的结果。据史籍记载，唐乐器中的"胡部"有数十种之多。笛子、胡琴、琵琶、箜篌、小鼓、腰鼓，原来都是少数民族的乐器。少数民族的艺术极大地丰富了汉族人民的文化生活，对塑造汉族乃至整个中华民族的精神面貌发挥了重要作用。

地域上的杂居相处，"汉人大量深入到少数民族聚居地区，形成一个点线结合，东密西疏的网络"（费孝通撰《中华民族的多元一体格局》，《北京大学学报》1989 年第 4 期），在这个"多元一体格局的骨架下"，许多少数民族与汉族在许多地区杂居相处，从而纳入了统一的经济生活和社会生活。在此过程中，一些民族消失了，一些民族壮大了，每一个民族都不再是纯粹的种族，而与其他民族有了血缘上的联系。更为重要的是文化上的交流与融合，少数民族学习和消化汉族的文化，汉族也学习和消化少数民族的文化，在这相互学习的过程中，共同融汇到中华民族文化的大海里，这深广的大海从而成为各民族心理认同的基础。百川归大海，各民族向前发展的共性最终决定了中华民族多元一体格局的确立。

**伟大的民族凝聚力**

英国著名史学家汤因比说:"就中国人来说,几千年来,比世界任何民族都成功地把几亿民众,从政治文化上团结起来。他们显示出这种在政治、文化上统一的本领,具有无与伦比的成功经验。"(《展望21世纪——汤因比与池田大作对话录》,国际文化出版公司,1985,第306页)的确,数千年来民族的团结与统一正是我们中华民族与世界其他民族一个重要区别之所在。中华民族发展之所以能获得如此巨大的成就,只能归结为一点,这就是中华民族无比顽强坚韧的生命力,也就是中华民族强大的凝聚力。在漫长的历史长河中,它是中华民族赖以统一、独立生存和发展的内在动力。

中华民族凝聚力是一个涵义非常深广的概念,它包含自然因素和社会因素两个方面的内容。民族凝聚力的自然因素,主要指地缘与血缘关系。从地理环境来看,我们中华民族活动的舞台即生存空间是一块比较特殊的地域:西起帕米尔高原,东临太平洋,北有广漠,东南是海。地形的天然隔绝形成了一个半封闭的地理单元。这个地理单元幅员辽阔,南北跨纬60多度,内陆腹地长江、黄河流域是适于农业的耕作区。地理环境在一定程度上影响了我们民族的性格和思想感情。作为中华民族核心的汉族长期以来发源、生活于长江、黄河流域,创造了以农耕为特点的华夏文明,从事农业生产的人们，安土重迁，崇尚安静、平和的生活，其理想社会是"兼爱"、"非攻"、"礼运大同"的美好前景，人与人能够和睦、友好相处。另一方面，对于居处四边的人们而言，地形的天然隔绝则使他们产生了向中心移动的向心力。因而，在我们这个民族中较少有其他民族海外扩张、征服世界的狂想。

血缘关系是形成民族凝聚力的自然因素又一方面，它是远古氏族社会的传统，在我们这个重视人伦的民族本体中，它以异乎寻常的力量保存了下来，并对整个民族产生了极深的影响。

当华夏民族仍处于氏族部落集团时，在氏族社会里，最基本的凝聚力就是血缘关系。氏族部落作为原始社会最基本的单位，成员之间相互联系的纽带就是血缘关系。在母系社会中，所有的成员都是一位女性长辈的后代，在父系社会中，则都是一位男性长辈的后代。血缘关系将人们彼此紧密地联系在一起。

随着历史的发展，氏族部落逐渐发展为部落联盟，在部落联盟后期，则出现了国家的萌芽。部落联盟是扩大了的氏族部落组织，主要有两种基本组合形式：一是由若干有血缘关系的部落组成；二是由若干地域相邻、唇齿相依的部落自愿联合起来的。部落联盟后期出现的萌芽阶段的国家属于早期国家，我国历史上的夏商周大致相当于这个阶段。早期国家既保留着氏族部落制度的一些特性，又初步具备了国家的权威。

在这一时期，血缘关系作为社会基本凝聚力的地位开始出现了松动，部落联盟和早期国家都因组织的扩大，能够大规模地组织一些生产活动，从而在此过程中产生新的凝聚力。但是，由于氏族的纽带仍然存在，血缘关系也继续起着作用。氏族族长有救助贫困氏族成员的义务，对无依无靠者还要加以收养。周人创立了宗法制和周礼。对此，我们必须首先强调其阶级性，但也必须看到它在和睦融洽人际关系方面所起的作用。宗法制是把周王、诸侯的嫡长子继统推广到大夫以下而产生的，它本为严格嫡庶的等级关系而设，但在无意中却强化了同宗同族的认同关系。与宗法制相配合的周礼，讲究"亲亲"、"尊尊"。"亲亲"就是亲其所亲，是血缘关系的反映；"尊尊"，就是尊其所尊，尊周王、诸侯和其他一切社会地位高于自己的人。"尊尊"中所体现的阶级等级关系不言而喻。但如果我们追溯周礼的起源，就会发现，如同宗法制度是由父家长制时代的继承制演化而来，礼则是由同时代的尊老爱亲、尊敬氏族长者的人际关系演变而来。摈除其阶级性，在以后的历史发展中，中华民族作为"礼仪之邦"的传统形象，有着和睦融洽的人际关系不能不说与此有关。

血缘关系对中国社会产生了深远的影响，在古代社会中，普遍存在着宗族、宗法，统治阶级也有意识地利用此来加强自己的统治，这是它的消极的一面。但是也必须看到，中国人这种追祖敬宗的心理产生了很大的凝聚力，人们的感情往往由"亲亲"扩而为"亲土"，许多老华侨流落他乡仍念念不忘"叶落归根"就是这个道理。直到今天，我们还在讲同胞的

"血浓于水"。

当然，民族作为特定的人们的共同体，是历史的产物，作为民族凝聚力的决定因素的社会因素也就远大于自然因素。它包括先进发达的物质文明，进步、成熟的政治力量和政治制度，优秀、丰富的思想文化。

早在氏族和部落联盟阶段，血亲关系是基本的联系纽带，但除此之外，也还有其他方面的凝聚力。例如，氏族部落还有组织生产、生活和战斗集体的作用。原始社会由于自然条件的恶劣及人们自身生存能力的低下，人们必须集群居住，共同生产、生活，平均分配劳动所得才能生存，而氏族部落之间不断发生的掠夺与反掠夺的斗争也是十分严酷的，氏族成员们都有为集体而战的义务。到了部落联盟时期，人口较从前大增，而这正是当时生产力的主要组成。所以部落联盟能够组织各氏族部落共同参与较大规模的工程建设，以提高抵御自然灾害的能力，发展原始农业和畜牧业；能够发动大规模的征服战争，兼并周边的氏族部落。这些活动反之也进一步加强了部落联盟的凝聚力。

原始社会这种氏族部落联盟组织发展生产、组织战斗的功用在国家产生后为后者所取代。国家这个阶级工具，它的特点就是能利用各项统治工具更有效地实现对各方面的控制。国家的产生也必将标志着民族产生的新阶段。尽管国家与民族是两个不同的概念范畴，但又是相互联系、密不可分的。阶级产生后，从根本上改变了人们原始状态的社会关系。于是国家、民族等社会现象也应运而生。原始的以血缘关系为纽带的氏族部落联盟组织被破坏，而代之以部落联盟基础上按地域的、经济的和某些政治的、文化的因素而联系起来的人们的新的共同体。这就意味着，民族的产生和形成与国家政治是密不可分的。民族是构成国家的因素，国家的存在与发展也离不开民族，民族关系是国家政治生活的主要内容。事实证明，民族凝聚力的发展和增强与国家的政治统一与经济富强是密不可分的，国家统一富强，民族凝聚力就大；反之，民族凝聚力就小，各民族就会处于涣散状态。

在早期国家阶段，国家的阶级性已表现得比较突出。王已有了相当大的权力，"溥天之下，莫非王土；率土之滨，莫非王臣"（《诗·小雅·北山》）。军队、监狱、法律等阶级统治工具初具规模。王和诸侯等贵族通过控制土地和征发赋役将人民牢固控制在手中，即所谓"夏后氏五十而贡，商七十而助。周人百亩而彻"（《孟子·滕文公章句上》）。当然，早期国家也同时实施其社会管理的职能，且大大超过了氏族部落时代的作用。大片原野被开垦，河流湖泊被疏浚，生产知识有所积累，粮食产量增多，人们的生活也得到了改善。总之，由于充分利用国家权威促进社会经济，因而凝聚力也空前加强。

当国家由幼稚形态逐渐走向成熟后，政治统一的加强，经济的发展，对于民族凝聚力起了无可比拟的促进作用。战国时期，与华夏族形成同时，我国已出现了区域性统一国家——秦、魏、赵、韩、齐、楚、燕"战国七雄"。而从秦始皇兼并其他六国，建立统一的多民族国家起，统一成为我国历史的主流。秦以后的汉、晋、隋、唐、元、明、清都是统一的多民族国家。在这些统一王朝之外，还有三国时期的魏、蜀、吴，东晋南北朝时期的东晋和南朝（宋、齐、梁、陈）、北朝（北魏、东魏、北齐、西魏、北周），宋辽金时期的北宋、辽、西夏、金、南宋等较大的区域性统一的多民族国家。这些国家都为中华民族的形成作出了各自的贡献，而全国性的多民族统一国家贡献尤大。

秦虽是一个短命王朝，但它却是第一个全国性的统一的多民族国家，关于秦，前章已有专述，此不赘。总之，由秦所奠定的具有强大控制力的中央政府几乎与古代历史相始终，以后虽有朝代更替或短暂的分裂，但中央政府始终是中华民族政治上的凝聚核心。

西汉建立伊始，汉高祖刘邦就开始着手加强中央权力，经文、景二代，至汉武帝刘彻，采纳了"众建诸侯而少其力"的建议，彻底解决了困扰有汉一代的地方分权问题。汉武帝在政治、经济、军事等多方面采取举措，改革中枢制度，完善决策程序，加强对各级官吏的监察，增加中央卫戍力量，举办大学，实行察举以选拔人才，统一货币，打击不法奸商，使西汉成为一个政治实力空前雄厚的大帝国。

西汉以后的魏晋南北朝时期是中国历史上的大分裂时期，但到隋唐时这种分裂对峙局面结束后，则出现了更高程度的统一。隋唐，尤其是唐，是国家政治空前统一集中的时代。政治上有完备的三省六部制的统治体制，建立宰相集体决策制度，国家通过均田制和租庸调制对经济进行有效的调控。改进科举，制定州、户部、吏部考试制度，把学校和旧科举作为培养官僚的主要途径。修订法律，发展文化，制定开明的民族政策，使唐因而成为当时世界上著名的大帝国。

我们强调汉族皇朝在中华民族凝聚力形成中的主导作用，但也绝不可忽略少数民族皇朝政治在此过程中的推动作用。魏晋南北朝时期虽是中国历史上一个大分裂、大动荡时期，但鲜卑拓跋部所建立的北魏王朝却为发展这一时期的民族关系作出了卓越的贡献。在北魏以前的十六国时期，也有众多的少数民族君主在中原建立了政权。在他们统治的国家范围内，也同样分布着众多的民族，有其本族人民，也有汉族和其他少数民族，但情况往往是一旦国家瓦解，境内也随即成为一盘散沙。只有北魏王朝，通过孝文帝在政治、经济、思想上进行了各种改革举措，从而在深层次上促进了北方各族的融合。即使后来北魏灭亡了，而民族融合的成果却绝大部分得以保存下来。

汉唐之际的封建政治另一特点就是往往通过国家政权的力量有意识地在思想领域强化统治。尽管这样做，主要是维护了地主阶级的利益，但也并非一无是处。最突出的就是春秋时的孔子的儒家学术思想经由董仲舒等汉儒改造，被确立为官方哲学意识形态。董仲舒倡言"大一统"，鼓吹和追求中央集权，主张打击和削弱地方势力。这种追求和维护国家统一的理论由此成为各族人民的共识，并进而转化为全国上下各阶层的心理定势。同时，他的理论也具有一定的民本主义的内涵，通过"天人感应"等理论对统治阶级行为给予一定制约，对整个社会的协调发展也有着特定积极作用。

自汉至唐是封建社会发展的前期，封建生产方式呈上升趋势，封建经济也空前发展。在汉代出现了"文景之治"，在唐代则出现了"贞观之治"、"开元之治"这样的太平盛世。《汉书》描绘"文景之治"的景象："国家无事，非遇水旱，则民人给家足，都鄙廪庾尽满，而库府余财，京师之钱累百巨万，贯朽而不可校，太仓之粟陈陈相因，充溢露积于外，腐败不可食。"（《汉书·食货志》）汉武帝时，则"天下殷富，财力有余，士马强盛"（《汉书·西域传》）。而《通典》中描述的"贞观之治"："自贞观以后，太宗励精为理，至八年九年，频至丰稔，米斗四五钱，马牛布野，外户动则数月不闭。至十五年，米每斗值两钱。"

封建皇朝政治、经济的强盛，使国家能采取各种措施解决民族问题。同时，帝国的繁荣也能在心理上增强人们的自豪感，强化民族认同意识，促进民族凝聚力的巩固。

西汉至汉武帝，在物阜财丰的基础上，派大将三次出击匈奴，解决了长期以来匈奴对边境的骚扰。又在与匈奴的斗争中，夺取了河西走廊，开建河西四郡，继而又开通西域，使西域36国内属。后来又统一了今巴尔喀什湖东南的乌孙、大宛等地。南匈奴降附后，漠南之地也臣属于汉朝。汉代还在东南越人、西南羌人和夷人地区，设置郡县进行管理，促进了这些地区的开发。在汉朝广阔的国土内，居住着汉、匈奴、氐、羌、西域、东胡、越和西南夷等众多的少数民族，呈现一幅民族大家庭的和煦景象。隋唐帝国的强盛伴随着统治者开阔的胸怀与开明的民族政策，尤其是一代明君唐太宗的民族政策，对民族凝聚力的扩大起了不可估量的影响。他曾说："天下皆贵中华而贱夷狄，而朕独爱之如一。"唐代民族政策宽松多样，如在突厥、回纥、党项、吐谷浑及西域龟兹、于阗等十六国地区设置府、州、县，进行羁縻管理，对回纥、靺鞨、南诏等少数民族首领进行册封，予以拉拢，又与吐蕃等少数民族进行和亲，建立牢固的联系。这是以汉族为主体的中华民族继续发展和巩固的时期，也是中华民族凝聚力达到前所未有的强大的时期。

两宋以后，中国封建社会逐渐步入了后期。这时的政治特点是专制主义中央集权的不断加强，对地方基层组织控制日益严密。与汉唐相比，宋朝不是一个完整的多民族统一国家，北宋先后与契丹建立的辽、女真建立的金和党项建立的西夏对立。宋太祖致力于强化内部控制，他削夺节度使之权，派遣文官担任地方长官，又统一全国财政、军事，但是宋代加强中央集权的后果却造成了国家的积贫积弱。

元朝是蒙古族建立的皇朝，元世祖忽必烈是一个杰出的君主，他即位后，为适应对中原地区统治的需要，毅然更改蒙古旧制，实行"汉法"，建立中央集权制度。元朝最突出的贡献就是确立以行中书省为地方最高行政机构的制度。整个疆域范围已由中央统一划分为 13 个行政大区，标志着统一的多民族国家发展到一个新的阶段。

明太祖朱元璋建立王朝后，诛功臣，废丞相，政由己出。在中央，分权六部，直属皇帝；在地方，设三司管理；军事上，实行卫所制度军户世袭。同时颁布了大明律，编制黄册、鱼鳞图册控制百姓。但明太祖也比较重视发展农业生产，他召民垦荒，蠲免赋税，国家经济力量也有所增强。明代疆域虽不及元朝，却远比后者巩固。

满族统治者建立的清朝是由少数民族建立的第二个全国性的多民族统一国家。清朝统治者迅速吸收了前代封建皇朝的统治成果，中央行政机构基本因袭明代。清朝统治者在中央行政制度方面的重大变革就是军机处的设立，加强了皇帝的权力。同时设立各种管理少数民族事务的机构，进行有效管理。

两宋以后出现的多民族大统一局面也是与经济的发展分不开的。这一时期阶级关系的新变化是传统的门阀地主势力削弱，非身份性地主逐渐发展起来。与此相适应，地主阶级对农民采取了租佃制的剥削方式，以契约为基础的租佃制使农民对地主的人身依附有所松弛，农民身份地位的提高，大大促进了生产力的发展。两宋以后经济进步，首先体现在农业和手工业领域，又带动了商业和其他领域经济的提高。农业的生产工具、耕作技术有所改善，手工业的陶瓷、造纸、印刷、矿冶都有了长足进步。城市经济繁荣，内地经济活跃，在历史进入明清后，江南地区商品经济呈现前所未有的活跃，在一些地区的一些行业中，资本主义萌芽终于破土而出。

宋元明清时期，经济发展对民族关系最突出的影响表现在经济发展后边陲地区的开发。从魏晋时不断开发的江南这时正式取代北方，成为全国经济中心，促进了南方边地的开发。同时，各边远省份也逐渐开发。中国境内各族人民同心协力，披荆斩棘，在宋、元、明时开发了两广和云贵，在清代开发了东北、台湾、内蒙古、新疆。民族形成的最重要的因素之一，共同的经济基础和社会生活的发展，对于中华民族凝聚力的加强起了重要的推进作用。

在政治、经济发展的条件下的民族关系也出现了不同以往的改变，特别是元、清两个少数民族建立的大统一皇朝，引起了历史上民族之间的新整合。与此同时，对四边开始出现的外族侵扰的斗争则加强了各族人民的团结。

元、明、清三代都采用土司制度对西南地区少数民族进行管理。所谓"土司"制度，就是通过由中央政府任命当地少数民族酋长的形式进行间接控制，这样做有利于保持民族地区安定，明代还将这一政策扩展到东北地区。到了清代雍正时期，又针对这一制度弊病，因时制宜，实行"改土归流"。满族统治者在加强民族关系上作出了特殊的贡献。清朝在中央设立理藩院，管理民族事务，又在蒙古、新疆等地设立参赞大臣、办事大臣、驻藏大臣等，进行有效管理。元朝时，藏族同胞正式进入中华民族大家庭，明时则开始了对台湾及周围岛屿行使主权，到清代，我国现代民族分布格局便初步定型了。

当我们强调国家统一、政治清明、经济富强等诸种社会因素对民族凝聚力的影响时，更不应忽略深厚的民族文化对凝聚力的决定作用。

中国传统文化博大精深，无比丰富，除主体儒家文化外，同时还包括其他许多内容。在这丰富的文化传统中，存在着精华与糟粕并存、玉石与泥沙俱下的情况。我们所说的对民族凝聚力形成起重要作用的应是传统文化中的优秀健康和先进的部分，它们在国家存亡、民族兴衰的关键时刻发挥了强大的力量，激励着一代又一代的中国人，这正是中华民族血脉不断，日益扩大的原因之一。

那么，我国哪些优秀的传统文化对增强中华民族凝聚力产生重大的影响呢？

第一，民惟邦本。"民惟邦本，本固邦宁"，讲的是民与邦（国）的关系。意思是，民是邦（国）的根本，根本强固，邦（国）才能安定。民惟邦本是古代民主思想的遗存，经历代儒家不断地丰富和弘扬，对生产力的发展和国家民族的强盛起了重大作用。孔子说："养民也惠"（《论语·公冶长》），"节用而爱人，使民以时"（《论语·学而》）。而孟子则进一步对此作了发挥，他说："民为贵，社稷次之，君为轻。"（《孟子·尽心下》）他进而分析桀纣丧失天下的原因，指出这正是由于他们荒淫无道，丧失民心之故。而《老子》也声称："欲上民，必以言下之；欲安民，必以身后之。"概括而言，儒家"民本"思想的具体主张主要是制民恒产，使民以时，轻徭薄赋等。在这种思想的熏陶下，中国历代较开明的思想家，都很重视民众，推行重民、爱民政策。如唐太宗在遇蝗灾之年，曾忧心忡忡地说："若使年谷丰稔，天下平安，将灾难移于朕身，以存活万民，也心甘无吝。"清代康熙帝以满族君临天下，同样也懂得"以足民为首务"。专制君主讲民本，主观上固然是为了维护"家天下"的统治，但在客观上却带来了社会的安定繁荣，增强了人民心系国家存亡的凝聚作用。

第二，改革变法。《易·系辞下》说："穷则变，变则通，通则久。"意即事物发展到极点就会变化，变化了就能畅通，畅通了就能长久。这一思想成了历代改革家的重要理论武器。战国时商鞅在秦国主张变法，甘龙责难他，认为圣人智者治民从来不用改变治国之道就能获得成功，商鞅反驳他说三代王伯都是不因袭旧制而取得成功，只有愚蠢不贤者才拘泥于成规。另一位反对变法的杜挚则固持"法古无过，循礼无邪"的观点，商鞅据理力争，认为礼法、制令都应因时制宜，汤武"不循古而兴"，殷夏"不易礼而亡"，可见兴衰与不变法没有必然联系。于是，秦孝公当即任用商鞅，实行变法，获得了巨大的成功，使秦国走上富强道路，为统一六国打下了坚实的基础。

变法革新是以朴素的辩证法和进步的社会历史观作为理论基础的。法家集大成者韩非认为社会是不断发展的，每一个时代都有每一个时代的社会主要矛盾，因而治国之道也应相应变化。秦以后的历朝有远见卓识的政治家无不及时地改革弊政，变法维新，推动政治、经济、文化的发展进步。至宋代，韩非的"世异则事异"、"事异则备变"的思想为宋代大变法家王安石所直接继承。王安石不仅反复论证物质世界不断发展变化的特征，而且总结出变化的规律："新故相除"，即新事物代替旧事物。他甚至主张"天命不足畏，祖宗不足法，人言不足恤"，即所谓"三不足"的理念。他大胆实行社会改革，虽然因保守派的破坏与打击，改革大打折扣，但他仍不愧为一位杰出的改革家。

改革变法带来了我们国家、民族的不断发展，不断前进，带来了各族人民经济生活和社会生活的改善，从而密切了各族人民和国家的联系，增强了各族人民的向心力、凝聚力。

第三，自强不息。《易·乾卦·象传》说："天行健，君子以自强不息。"意即君子应像天道运行不止那样自强不息。自强不息包括积极进取的态度和锲而不舍的精神。我们的祖先特别强调不畏困难，即使在逆境中也要磨炼鞭策自己，正如司马迁在《报任安书》中写道："文王拘而演《周易》；仲尼厄而作《春秋》；屈原放逐，乃赋《离骚》；左丘失明，厥有《国语》；孙子膑脚，兵法修列；不韦迁蜀，世传《吕览》；韩非囚秦，《说难》、《孤愤》；《诗》三百，大抵圣贤之发愤所为作也。"这种不畏困难、发愤图强的精神渗透于中华民族的整体性格中，其最高表现就是为求得国家与民族的繁荣富强而牺牲自己的全部利益乃至生命。秦末陈胜揭竿而起，宣称："帝王将相，宁有种乎？"三国时曹操赋诗："老骥伏枥，志在千里。"宋代农民起义领袖王小波大声疾呼："吾疾贫富不均，今为汝均之！"宋代政治家范仲淹以天下为己任，"先天下之忧而忧，后天下之乐而乐"。他们的英雄主义精神，一直激励着各族人民团结一致、奋发向上。

第四，爱国主义。爱国主义是民族统一国家建立后才出现的观念。西汉武帝时李陵与匈奴作战，兵败投降，被武帝诛戮全家，李陵故乡"陇西士大夫以李陵为愧"。班固则以出使匈奴被拘十九年而始终不屈的苏武与李陵对比，盛赞"孔子称志士仁人，有杀身以成仁，无求生以害仁。使之四方，不辱君命，苏武有之矣"。

这种古代的爱国主义精神尤其在民族斗争中得到发扬。如东晋祖逖不甘心故国倾覆，恒存振复之志，遂领兵北伐。对此，田余庆先生指出"祖逖北伐不计成败利钝，生死以之，以其节烈丰富了民族精神，是东晋北伐的最高典型"（《东晋门阀政治》，北京大学出版社，1989，第130页）。女真南侵时，激起南宋人民强烈的民族感情。华北各地结成"忠义社"，王彦领导的抗金队伍因面刺"赤心报国，誓杀金贼"而被称为"八字军"。民族英雄岳飞背刺"精忠报国"四个大字，他的军队"将和士锐，人怀忠孝"（《宋史·岳飞传》）。另一位民族英雄文天祥为金军所俘后，写下"人生自古谁无死，留取丹心照汗青"的千古绝唱，不屈而死。他死后，衣带上的遗言写着："孔曰成仁，孟曰取义，惟其义尽，所以仁至。读圣贤书，所学何事？而今而后，庶几无愧。"（《宋史·文天祥传》）从这里可以看出优秀文化传统中爱国主义精神的伟大力量。

古代爱国思想经常包含着对专制君主的愚忠成分，这是难以避免的阶级局限。但到了明末清初爱国者、启蒙思想家顾炎武那里，开始把"国家"与"天下"加以区分，他反对对专制君主愚忠，而从全民族利益出发，提出"天下兴亡，匹夫有责"的爱国主义口号。而爱国主义思想对全民族的凝聚力也就随之扩大了。

其实，增强中华民族凝聚力的我国传统文化还有许多，以上只是举其荦荦大端者。

##  中华民族的特点

历史长河，潮起潮涌，几多风雨，几多起伏。然而，尽管岁月沧桑，风云变幻，我们中华民族的发展却始终没有中断，特别在这个世纪末的转折点，她焕发出前所未有的生命的光辉，引起了世界其他民族的注目。对此，我们引以为豪，而我们更加祈望的是，我们伟大民族能够继承和发扬优良传统，长盛不衰，永葆青春，屹立于世界民族之林。中华民族的发展史告诉我们，中华民族之所以伟大，之所以具有强大的生命力，是因为她有着以下特点：

第一，中华民族有如海纳百川的包容性。中华民族这个"自在的民族实体"在数千年从萌芽、发展、走向成熟的过程中，包容性的特征始终是对民族发展产生影响的主要因素。

中华民族是一个多血缘的融合体，同时，在构成中华民族这个整体的50多个民族中也几乎没有一个具有纯粹的血统，"从生物基础，或所谓'血统'上讲，可以说中华民族这个一体中经常在发生混合交杂的作用，没有哪一个民族在血统上可以说是纯种"（上引费孝通《中华民族的多元一体格局》）。少数民族如此，而构成民族主体的汉族尤其是这样。众所周知，汉族作为一个大族的基本特征之一就是在人口上大大超过了其他少数民族。但从历史发展看来，汉族人口的扩大并非仅在于自身生产的扩大，更重要的是数千年来少数民族不断对汉族充实和补充的结果。早在华夏族发源伊始，便具有多种血统共融的特征。华夏族是由以炎黄为主体的部落集团又吸收了东方的东夷集团和南方的苗蛮集团后形成的。流行于古代神话传说中的不同姓氏的神人之间通婚的内容便反映了氏族间杂婚的特点。进入阶级社会后，随着中原农业国家的建立与少数民族以游牧为主体的经济方式的发展，两大集团之间的矛盾也尖锐起来。在双方的拉锯战中，少数民族进入中原，尤其是北方游牧民族的一次次南下为华夏/汉族补充了新鲜的血液，大大地扩充了华夏/汉族的人口。历史上这种大规模的融合现象出现了三次：魏晋南北朝、宋辽金元和清代。魏晋南北朝时，北方的匈奴、羯、鲜卑、氐、羌等少数民族先后南下，在南方，山越、蛮、俚、僚、爨等少数民族与汉族的接触也很频繁。这一时期，有众多的少数民族在中原地区建立了政权，这些短暂的政权瓦解后，原来部族中除少数人归返原居住地，大部分人都留了下来，与汉族人通婚杂居，其原有的族称，如匈奴、羯等逐渐消失了。这表明，他们已加入到汉族人口中去了。根据史书记载，西晋太康时户数为 245 万，北魏正光前户数为 500 万，刘宋大明时户数为 90 万，到隋大业时，户数已达 890 万，唐天宝年间，有户 961 万，人口数 5288 万，这种显著的人口增长，除去检括户口、自然繁衍等原因，无疑也应与少数民族大量为编户齐民有关。宋、辽、金、元之际，出现了一些由少数民族建立的较强大的政权，如契丹建立了辽，女真建立了后金，而蒙古族则最终建立了大统一的元帝国。民族政权的更迭，对各族人口血缘融合的促进作用也是不言而喻的。例如金灭辽后，契丹人即大部分与汉人和女真人融合。元灭金后，曾将国内居民分为四等，其中居住在黄河以北原金统治下的女真、契丹、汉人被概称为"汉人"，从这个名称可看出当时各族血缘上的融合情况。而即使满族人建立的清统治全国时，在一定程度上实行了歧视汉人的民族政策，却也未能阻止长期满汉杂居中因通婚等方式而发生的血缘融合。因而在这一时期，汉族人口继续扩大。

我们说，少数民族充实了汉族，反之，汉族也充实了其他少数民族人口。历史上有为数众多的汉人由于地域改变等特殊因素而迅速融合到聚居地少数民族中去。如"安史之乱"后，河西、陇西、河湟地区因吐蕃长期占领，当地原有的百万汉族有很大部分都融入到吐蕃族中去了。清政府虽强调满汉之分，但是，还是有许多汉人通过编旗佐领、投充、通婚与过继等方式加入了旗籍，成为满族一员。封建社会里，统治阶级还经常有意识地利用和亲等方式加强与其他少数民族之间的政治联系。如著名的汉代昭君和亲，唐朝更有诸多公主出嫁吐蕃、回鹘等少数民族领袖。

同样，各少数民族之间在血缘上也有着杂合的特点。在少数民族的历次融合中，规模最大、影响最深远的有两次：一次是公元 3 世纪漠南地区拓跋鲜卑、东部鲜卑、匈奴、丁零、乌桓的渗透和融合；另一次是公元 12 世纪蒙古征服蒙古高原上包含着多种民族成分的诸部落，融合为统一的蒙古族。在我国少数民族的形成中，比较突出的还有回回族，民族成分来源复杂，而且还吸收了外来因素，由国内国外多种民族成分融合而形成了一个新的民族共同体。当成吉思汗西征时，征发了大批中亚人充当劳役，后来他们随蒙古军队归国后，又被派往全国各地驻军。这些中亚人及唐宋以来就在中国生活的一些外来人口到明代时终于形成了一个新的民族——回族。与回族通婚、杂处的有汉族、回鹘族、蒙古族等，所以他们便同时成为回族的重要来源。我国民族众多，其中有许多少数民族在历史发展中消失了，但是这些民族却在生灭兴衰、分分合合中把自己族体的碎片、血统的流脉与文化的遗产寄托到其他民族之中了。就此而言，在某种意义上我们甚至说他们仍然存在。我们不仅从现存各民族，而且可以从历史纵向的角度在中华民族各族之间发现真正的血缘、文化联系。

第二，中华各族人民共同缔造了中国历史，在共同劳动、共同斗争中各族人民之间建立了牢不可破的友谊。这就是中国古代民族关系的主流。正如著名历史学家范文澜先生所指出的："中国之所以成为疆域仅次于苏联，人口在全世界各国中居第一位，历史悠久，延续不绝，在全世界各国中也属第一位的伟大国家，首先必须承认，这是构成中华民族的各族男女劳动人民共同缔造的结果。"（《中华民族的发展》，《学习》1950年第3卷第1期）

首先，各族人民共同开拓了祖国辽阔的疆域，又为捍卫祖国的领土完整而共同战斗、共同流血。也正是在这个过程中，中华民族才由一个自在的民族实体上升为一个自觉的民族实体。一般而言，汉族人民主要生活在中原腹地长江、黄河流域，在这里创造了先进的农业文明。而少数民族发源伊始，便大多生活在汉族周边地区、中国四境。他们披荆斩棘，开发了边疆。历史上的一些少数民族政权，如匈奴、突厥汗国、回鹘汗国、吐蕃王朝等都作出了巨大的贡献。自清代开始不断出现了外国侵略，各族人民在反抗斗争中紧密联系在一起，人们的国土意识也空前加强。所以每当中央政府出军，少数民族总是热烈拥护，给以有力支持。

其次，各族人民还经常联合起来与历代皇朝的腐朽专制统治进行斗争，推动历史的血脉更新。中国封建社会出现的几个高潮迭起的"治世"不能不说与此有关。中国古代史上有不少由各族人民联合起来举行起义的例子，如西晋末年各族人民大起义，北魏盖吴起义、六镇起义，明末农民大起义等。北魏末年的六镇大起义，包括了鲜卑、汉、丁零、匈奴等北方各主要民族，起义瓦解了北魏统治。以后虽出现东西分治的对立局面，但到了隋唐时期终于建立了前所未有的大统一，这不能不说是各族人民斗争的结果。在这次斗争中，汉人、鲜卑人和其他各族人民并肩作战，相互间的关系也由最初的不太融洽发展为同命运、共呼吸，并随之产生血缘、经济、文化的融合，所以一个世纪以后的隋末农民大起义时，民族上的区分便不再明显。

再次，各族人民共同创造了丰富多样的经济文化生活，经济的交流互补、文化的互通共识将大家合成一个整体。汉族人民从事农业，生产出粮食、布匹、丝绸、茶叶等，还发明了陶瓷、造纸等先进的手工业制作，少数民族从事畜牧业，也生产出众多的畜牧产品。历史上两种不同经济之间的交流是经常的，交换促进了双方的生产发展，也丰富了人民的生活。在一些双方接触频繁地带，有部分少数民族还定居下来，走上了农业生产的道路，而汉族也吸收了少数民族的畜牧经验，出现了一些饲养牲畜的好手，从生活习俗来看，小麦、葱、蒜、葡萄等产品本为少数民族培养，今天却成为大多数民族喜爱的食物。最典型的还体现在民族服装的变迁与融合上。早在战国时，赵武灵王鉴于汉族宽袍大袖不利作战的弊病，而实行"胡服骑射"，把北方游牧民族服装引入中原地区。到了北魏孝文帝，他羡慕汉族服装的温文儒雅，又下令全国改易汉装。而我们今天民族的传统服装旗袍则是在满族着装的直接影响下而产生的。服装的变迁，小而言之，是纤介细事；大而言之，却又反映了民族间交流的无孔不入，以及由此而产生的民族整体审美心理的变化与趋向融合。这样的特点也同样反映在对其他许多事物的共识上。

总之，在各民族共同斗争、共同创造、共同发展的过程中，民族趋同心理加强，民族差异减少，共同的奋斗目标、共同的劳动过程使他们成为密不可分的整体。

第三，中华民族的历史发展过程和趋势就是统一的日益加强，各族之间血肉联系日益密切。

统一意识首先是贯穿民族意识发展的主流。白寿彝先生在其《关于统一的多民族国家》一文中指出："在民族问题中，在民族关系上，在民族发展史上，这个思想意识问题是很重要的。中国历史上，有时候在政治上是分裂的，在经济上是分散的，但是这种分裂和分散并不妨碍统一意识的存在。而且有时这种统一的意识发展得很强烈。这就是说，不管分裂时期还是统一时期，中国人民都具有一个共同的思想意识，这就是民族统一的思想意识，这是我们中华民族的优良传统。"（《白寿彝民族宗教论集》，北京师范大学出版社，1992，第12页）的确，统一意识深深地沉淀在民族心理深层，而且尤其表现在我们民族的一些优秀思想家的思想中。早在战国晚叶，儒家正宗的代表人物孟子，尽管他反对兼并战争，但当梁（魏）襄王问他"天下恶乎定"时，他仍明确地回答"定于一"（《孟子·梁惠王上》），认为只有天下统一，人民才能安定。儒家另一学派代表人物荀子及其学生韩非创立的法家学派更积极主张全国统一，加强中央集权制集中管理，"一断于法"。阴阳家的代表人物邹衍推诸于理论，创立五德运转，五行相生学说，直接为后世王朝的"大一统"提供理论依据。战国百家争鸣，各抒己见，其政治学说的共同归结即只在一点，即"大一统"。先秦以儒家为代表的统一意识为以后历代所继承，汉时董仲舒创"天人合一"的"大一统"思想，虽主要在政治上为统治阶级服务，但对我国数千年统一历史仍产生了积极影响，各族人民在此共识下，凝聚力始终不断加强，成为中华民族一个突出特点。

正是在"大一统"思想意识的指导之下，数千年来，统一成为民族与国家发展的主流。在阶级社会中，国家总是在统一——分裂——统一的轨道上运行着的，但是，这并不是简单的历史重复，而是社会由低级向高级，由落后向进步的螺旋式发展。每一次新的统一，与前一次相比，都是生产力更加提高，社会更加进步，民族更加发展基础上的新的统一。回顾中华民族发展历史，从原始社会进入阶级社会后，国家产生，而华夏族与其他民族也一起在中华大地上发育、成长。到战国时，形成了齐、楚、燕、韩、赵、魏、秦几个地区性统一国家，各国境内部形成了以华夏族为主体，同其他少数民族共聚于一个政权下发展创造的局面，这成为以后民族、国家统一格局的滥觞。

秦始皇统一六国，建立了第一个中央集权制的国家。两汉继承了秦开创的统一局面，这一时期，国家安定，生产力发展。华夏族扩大而为汉族，而匈奴族、西域诸族、鲜卑族、乌桓族和羌族也开始了他们各自发展的进程。华夏/汉族与其他民族通过经济往来、文化交流、战争兼并、杂居共处、通婚等多种方式，与戎、狄、蛮、夷等众多民族互相不断地同化着，这是中华民族发展中一个极其活跃的时期，而这一切正是在秦汉帝国创立的多民族统一国家的形式下完成的。

民族的融合在三国两晋南北朝时发生了挫折，长期的国家分裂、民族混战对人民生产生活造成极大的破坏。但是，这种状况下，人民渴望摆脱苦难，渴望统一的心理便也更加强烈。所以，这个时期的历史发展也并不是一盘散沙，无序可循。后代隋唐时期大统一盛世的某些因子其实正在此萌发。众多的北方民族南下进入中原，受到先进文化的熏陶，开始步出落后的原始社会状态，采用农业生产方式，民族间差距缩小，这是以后出现的民族重新整合的前提。这样，隋唐大统一帝国的重建，长达三百余年，各个民族在更高的阶段上走向新的统一。"贞观之治"、"开元之治"等盛世局面正是以汉族为主导的，各民族共同创造的社会发展新标志。周边的主要民族如突厥族、回鹘族，吐蕃族等都步入奴隶社会，生产有较大发展。突厥族还创造出优美的突厥文字，反映了少数民族的发展。

在两宋以后，统一更占了主要地位，元明清三个连续的大统一帝国的建立，将民族融合与发展推进到一个新阶段。尽管这一时期，出现过辽、西夏、金与两宋政权的对峙，但已与以往的民族分裂有不同之处。主要表现在双方之间势均力敌，战争成为综合国力的竞争，而不是偶尔的侥幸取胜。这说明在历史的长期统一中，少数民族有了长足发展。从某种意义上讲，蒙古、满洲两个少数民族的首领做了中原王朝的主人就不是偶然的事情。民族统一，历史发展，各民族都有了均等的机会创功立业。

鉴古知今，总结五千年来民族发展以统一为主流的特点，我们可以肯定地说，中华民族现在、未来的民族发展状况也必将如此。根据历史的经验教训，民族作为一个社会问题，是与国家的发展密切相关的，国家统一，政治安定，民族也就发展；国家分裂，政治腐败，民族发展也会处于停滞状态。而在今天，新中国发展进入一个崭新的阶段，万象更新，蒸蒸日上。在这世纪转折的关键，党和国家制定了平等、进步的民族政策，各族人民空前团结，让中华巨龙重新腾飞于世界已成为各族人民共同为之奋斗的最辉煌的梦想。相信在这一目标指引下，我们的民族与国家也会更加统一、更加巩固。

# 参考文献

1.《马克思恩格斯选集》，人民出版社，1972。

2. 白寿彝：《中国通史》第一卷，上海人民出版社，1989。

3. 贾兰坡：《中国大陆上的远古居民》，天津人民出版社，1978。

4. 金春峰：《汉代思想史》，中国社会科学出版社，1987。

5. 吴永章：《中南民族关系史》，民族出版社，1992。

6.《展望21世纪——汤因比与池田大作对话录》，国际文化出版公司，1985。

7. 田余庆：《东晋门阀政治》，北京大学出版社，1989。

8. 白寿彝：《白寿彝民族宗教论集》，北京师范大学出版社，1992。

# 后　记

众所周知，世界上的文明古国，唯有伟大的中华古国作为政治实体在发展过程中未曾被外来因素所中断，唯有璀璨的中华文明在文化的发展史上未曾发生断裂。而如本书所揭示，中华民族的形成与发展正是与中华文明的进步同行，与中华古国的发展同步。

中华民族是一个多血缘的融合体，同时又是中华文化的融合体。中华民族如海纳百川，数千年来在萌芽、发展、走向成熟的过程中，其包容性的特征特别突出，在世界各民族中绝无仅有。汉族作为一个大族的基本特征之一就是在人口上大大超过了其他少数民族。但从历史发展看来，汉族人口的扩大并非仅在于自身生产的扩大，更重要的是数千年来少数民族不断对汉族充实和补充的结果。少数民族充实了汉族，反之，汉族也充实了其他少数民族人口。历史上有为数众多的汉人因种种原因进入少数民族聚居地，融合到他们中间去。各民族经过融合混血，已是你中有我、我中有你了。

除了血缘上的融合，更值得重视的是文化上的融合，文化上的融合是中华民族灵魂的重塑。史学大师陈寅恪先生在研究北朝史时指出："汉人与胡人之分别，在北朝时代文化较血统尤为重要。凡汉化之人即目为汉人，胡化之人即目为胡人，其血统如何，在所不论。……此点为治吾国中古史最要关键，若不明乎此，必致无谓之纠纷。"陈先生虽然讲的是北朝，实际上整部中国史莫不如此！这个论断还可以上溯到《春秋》上的记载："中国而夷狄则夷狄之，夷狄而进于中国则中国之。"这就是说，华夏的人们迁徙到夷狄居住的地区，接受了夷狄的文化，就等同于夷狄；相反，夷狄的人们迁徙到中原地区，接受了华夏的文化，也就等同于华夏人了。从根本上说，最早的华夏文化就是由多元文化融合而成的。后来的汉文化同样是汲取和融合各兄弟民族文化的结果。中华民族就这样以开放的姿态，容纳了东西南北中的各族和各种类型的文化，一次次地重新塑造自己。

本书特别强调国家在中华民族形成和发展中的作用。战国时期，在华夏族形成的同时，已出现了区域性统一国家——秦、魏、赵、韩、齐、楚、燕"战国七雄"。而从秦始皇兼并其他六国，建立统一的多民族国家起，统一成为我国历史的主流。秦以后的汉、晋、隋、唐、元、明、清都是统一的多民族国家。在这些统一王朝之外，还有三国时期的魏、蜀、吴，东晋南北朝时期的东晋、南朝（宋、齐、梁、陈）和北朝（北魏、东魏、北齐、西魏、北周），宋辽金时期的北宋、辽、西夏、金、南宋等较大的区域性统一的多民族国家。这些国家都为中华民族的形成作出了各自的贡献，全国性的多民族统一国家对推动各民族的融合贡献尤大。在民族矛盾最为剧烈的十六国时期，前秦皇帝苻坚说："黎元应抚，夷狄应和，方将混六合以一家，同有形于赤子。"在实现大统一的唐朝，唐太宗李世民说："夷狄亦人耳，其情与中夏不殊。人主患德泽不加，不必猜忌异类。盖德泽洽，则四夷可使如一家；猜忌多，则骨肉不免为仇敌。"一个是氐族，一个是汉族（有一半以上的鲜卑血统），而他们民族平等的思想如出一辙。这就是我们优良的民族平等传统。这种优良的民族平等传统融化在我们中华民族的血液中，形成了我国民族关系的主流。这个主流如著名史学家白寿彝先生所说："几千年的历史证明：尽管民族之间好一段、歹一段，但总而言之，是许多民族共同创造了我们的历史，各民族共同努力，不断地把中国历史推向前进。我看这是主流。这一点是谁都不能否认的。"

限于篇幅，本书大处着墨而不及细部，意在为追寻我们伟大中华民族历史足迹的朋友们画出一张草图。若果如此，则喜出望外了。

本书初名《中华民族的形成与发展》，蒙社科文献出版社不弃，收入《中国史话》丛书，而改为现名。责任编辑韩莹莹等精心校读，提出宝贵意见，纠正许多错讹，在此谨表衷心谢意。

作者

2011 年 9 月 7 日

# 《中国史话》总目录

| 系列名 | 序号 | 书名 | 作者 | |
|---|---|---|---|---|
| 物质文明系列（10种） | 1 | 农业科技史话 | 李根蟠 | |
| | 2 | 水利史话 | 郭松义 | |
| | 3 | 蚕桑丝绸史话 | 刘克祥 | |
| | 4 | 棉麻纺织史话 | 刘克祥 | |
| | 5 | 火器史话 | 王育成 | |
| | 6 | 造纸史话 | 张大伟 | 曹江红 |
| | 7 | 印刷史话 | 罗仲辉 | |
| | 8 | 矿冶史话 | 唐际根 | |
| | 9 | 医学史话 | 朱建平 | 黄　健 |
| | 10 | 计量史话 | 关增建 | |
| 物化历史系列（28种） | 11 | 长江史话 | 卫家雄 | 华林甫 |
| | 12 | 黄河史话 | 辛德勇 | |
| | 13 | 运河史话 | 付崇兰 | |
| | 14 | 长城史话 | 叶小燕 | |
| | 15 | 城市史话 | 付崇兰 | |
| | 16 | 七大古都史话 | 李遇春 | 陈良伟 |
| | 17 | 民居建筑史话 | 白云翔 | |
| | 18 | 宫殿建筑史话 | 杨鸿勋 | |
| | 19 | 故宫史话 | 姜舜源 | |
| | 20 | 园林史话 | 杨鸿勋 | |
| | 21 | 圆明园史话 | 吴伯娅 | |
| | 22 | 石窟寺史话 | 常　青 | |
| | 23 | 古塔史话 | 刘祚臣 | |
| | 24 | 寺观史话 | 陈可畏 | |
| | 25 | 陵寝史话 | 刘庆柱 | 李毓芳 |
| | 26 | 敦煌史话 | 杨宝玉 | |
| | 27 | 孔庙史话 | 曲英杰 | |
| | 28 | 甲骨文史话 | 张利军 | |
| | 29 | 金文史话 | 杜　勇 | 周宝宏 |

| 系列名 | 序号 | 书　名 | 作　者 |
|---|---|---|---|
| 物化历史系列（28种） | 30 | 石器史话 | 李宗山 |
| | 31 | 石刻史话 | 赵　超 |
| | 32 | 古玉史话 | 卢兆荫 |
| | 33 | 青铜器史话 | 曹淑芹　殷玮璋 |
| | 34 | 简牍史话 | 王子今　赵宠亮 |
| | 35 | 陶瓷史话 | 谢端琚　马文宽 |
| | 36 | 玻璃器史话 | 安家瑶 |
| | 37 | 家具史话 | 李宗山 |
| | 38 | 文房四宝史话 | 李雪梅　安久亮 |
| 制度、名物与史事沿革系列（20种） | 39 | 中国早期国家史话 | 王　和 |
| | 40 | 中华民族史话 | 陈琳国　陈　群 |
| | 41 | 官制史话 | 谢保成 |
| | 42 | 宰相史话 | 刘晖春 |
| | 43 | 监察史话 | 王　正 |
| | 44 | 科举史话 | 李尚英 |
| | 45 | 状元史话 | 宋元强 |
| | 46 | 学校史话 | 樊克政 |
| | 47 | 书院史话 | 樊克政 |
| | 48 | 赋役制度史话 | 徐东升 |
| | 49 | 军制史话 | 刘昭祥　王晓卫 |
| | 50 | 兵器史话 | 杨　毅　杨　泓 |
| | 51 | 名战史话 | 黄朴民 |
| | 52 | 屯田史话 | 张印栋 |
| | 53 | 商业史话 | 吴　慧 |
| | 54 | 货币史话 | 刘精诚　李祖德 |
| | 55 | 宫廷政治史话 | 任士英 |
| | 56 | 变法史话 | 王子今 |
| | 57 | 和亲史话 | 宋　超 |
| | 58 | 海疆开发史话 | 安　京 |

| 系列名 | 序号 | 书名 | 作者 |
|---|---|---|---|
| 交通与交流系列（13种） | 59 | 丝绸之路史话 | 孟凡人 |
| | 60 | 海上丝路史话 | 杜 瑜 |
| | 61 | 漕运史话 | 江太新　苏金玉 |
| | 62 | 驿道史话 | 王子今 |
| | 63 | 旅行史话 | 黄石林 |
| | 64 | 航海史话 | 王 杰　李宝民　王 莉 |
| | 65 | 交通工具史话 | 郑若葵 |
| | 66 | 中西交流史话 | 张国刚 |
| | 67 | 满汉文化交流史话 | 定宜庄 |
| | 68 | 汉藏文化交流史话 | 刘 忠 |
| | 69 | 蒙藏文化交流史话 | 丁守璞　杨恩洪 |
| | 70 | 中日文化交流史话 | 冯佐哲 |
| | 71 | 中国阿拉伯文化交流史话 | 宋 岘 |
| 思想学术系列（21种） | 72 | 文明起源史话 | 杜金鹏　焦天龙 |
| | 73 | 汉字史话 | 郭小武 |
| | 74 | 天文学史话 | 冯 时 |
| | 75 | 地理学史话 | 杜 瑜 |
| | 76 | 儒家史话 | 孙开泰 |
| | 77 | 法家史话 | 孙开泰 |
| | 78 | 兵家史话 | 王晓卫 |
| | 79 | 玄学史话 | 张齐明 |
| | 80 | 道教史话 | 王 卡 |
| | 81 | 佛教史话 | 魏道儒 |
| | 82 | 中国基督教史话 | 王美秀 |
| | 83 | 民间信仰史话 | 侯 杰 |
| | 84 | 训诂学史话 | 周信炎 |
| | 85 | 帛书史话 | 陈松长 |
| | 86 | 四书五经史话 | 黄鸿春 |

| 系列名 | 序号 | 书　名 | 作　者 |
|---|---|---|---|
| 思想学术系列（21种） | 87 | 史学史话 | 谢保成 |
| | 88 | 哲学史话 | 谷　方 |
| | 89 | 方志史话 | 卫家雄 |
| | 90 | 考古学史话 | 朱乃诚 |
| | 91 | 物理学史话 | 王　冰 |
| | 92 | 地图史话 | 朱玲玲 |
| 文学艺术系列（8种） | 93 | 书法史话 | 朱守道 |
| | 94 | 绘画史话 | 李福顺 |
| | 95 | 诗歌史话 | 陶文鹏 |
| | 96 | 散文史话 | 郑永晓 |
| | 97 | 音韵史话 | 张惠英 |
| | 98 | 戏曲史话 | 王卫民 |
| | 99 | 小说史话 | 周中明　吴家荣 |
| | 100 | 杂技史话 | 崔乐泉 |
| 社会风俗系列（13种） | 101 | 宗族史话 | 冯尔康　阎爱民 |
| | 102 | 家庭史话 | 张国刚 |
| | 103 | 婚姻史话 | 张　涛　项永琴 |
| | 104 | 礼俗史话 | 王贵民 |
| | 105 | 节俗史话 | 韩养民　郭兴文 |
| | 106 | 饮食史话 | 王仁湘 |
| | 107 | 饮茶史话 | 王仁湘　杨焕新 |
| | 108 | 饮酒史话 | 袁立泽 |
| | 109 | 服饰史话 | 赵连赏 |
| | 110 | 体育史话 | 崔乐泉 |
| | 111 | 养生史话 | 罗时铭 |
| | 112 | 收藏史话 | 李雪梅 |
| | 113 | 丧葬史话 | 张捷夫 |

| 系列名 | 序 号 | 书 名 | 作 者 |
|---|---|---|---|
| 近代政治史系列（28种） | 114 | 鸦片战争史话 | 朱谐汉 |
| | 115 | 太平天国史话 | 张远鹏 |
| | 116 | 洋务运动史话 | 丁贤俊 |
| | 117 | 甲午战争史话 | 寇 伟 |
| | 118 | 戊戌维新运动史话 | 刘悦斌 |
| | 119 | 义和团史话 | 卞修跃 |
| | 120 | 辛亥革命史话 | 张海鹏　邓红洲 |
| | 121 | 五四运动史话 | 常丕军 |
| | 122 | 北洋政府史话 | 潘 荣　魏又行 |
| | 123 | 国民政府史话 | 郑则民 |
| | 124 | 十年内战史话 | 贾 维 |
| | 125 | 中华苏维埃史话 | 杨丽琼　刘 强 |
| | 126 | 西安事变史话 | 李义彬 |
| | 127 | 抗日战争史话 | 荣维木 |
| | 128 | 陕甘宁边区政府史话 | 刘东社　刘全娥 |
| | 129 | 解放战争史话 | 朱宗震　汪朝光 |
| | 130 | 革命根据地史话 | 马洪武　王明生 |
| | 131 | 中国人民解放军史话 | 荣维木 |
| | 132 | 宪政史话 | 徐辉琪　付建成 |
| | 133 | 工人运动史话 | 唐玉良　高爱娣 |
| | 134 | 农民运动史话 | 方之光　龚 云 |
| | 135 | 青年运动史话 | 郭贵儒 |
| | 136 | 妇女运动史话 | 刘 红　刘光永 |
| | 137 | 土地改革史话 | 董志凯　陈廷煊 |
| | 138 | 买办史话 | 潘君祥　顾柏荣 |
| | 139 | 四大家族史话 | 江绍贞 |
| | 140 | 汪伪政权史话 | 闻少华 |
| | 141 | 伪满洲国史话 | 齐福霖 |

| 系列名 | 序号 | 书名 | 作者 |
|---|---|---|---|
| 近代经济生活系列（17种） | 142 | 人口史话 | 姜　涛 |
| | 143 | 禁烟史话 | 王宏斌 |
| | 144 | 海关史话 | 陈霞飞　蔡渭洲 |
| | 145 | 铁路史话 | 龚　云 |
| | 146 | 矿业史话 | 纪　辛 |
| | 147 | 航运史话 | 张后铨 |
| | 148 | 邮政史话 | 修晓波 |
| | 149 | 金融史话 | 陈争平 |
| | 150 | 通货膨胀史话 | 郑起东 |
| | 151 | 外债史话 | 陈争平 |
| | 152 | 商会史话 | 虞和平 |
| | 153 | 农业改进史话 | 章　楷 |
| | 154 | 民族工业发展史话 | 徐建生 |
| | 155 | 灾荒史话 | 刘仰东　夏明方 |
| | 156 | 流民史话 | 池子华 |
| | 157 | 秘密社会史话 | 刘才赋 |
| | 158 | 旗人史话 | 刘小萌 |
| 近代中外关系系列（13种） | 159 | 西洋器物传入中国史话 | 隋元芬 |
| | 160 | 中外不平等条约史话 | 李育民 |
| | 161 | 开埠史话 | 杜　语 |
| | 162 | 教案史话 | 夏春涛 |
| | 163 | 中英关系史话 | 孙　庆 |
| | 164 | 中法关系史话 | 葛夫平 |
| | 165 | 中德关系史话 | 杜继东 |
| | 166 | 中日关系史话 | 王建朗 |
| | 167 | 中美关系史话 | 陶文钊 |
| | 168 | 中俄关系史话 | 薛衔天 |
| | 169 | 中苏关系史话 | 黄纪莲 |
| | 170 | 华侨史话 | 陈　民　任贵祥 |
| | 171 | 华工史话 | 董丛林 |

| 系列名 | 序号 | 书 名 | 作 者 |
|---|---|---|---|
| 近代精神文化系列（18种） | 172 | 政治思想史话 | 朱志敏 |
| | 173 | 伦理道德史话 | 马 勇 |
| | 174 | 启蒙思潮史话 | 彭平一 |
| | 175 | 三民主义史话 | 贺 渊 |
| | 176 | 社会主义思潮史话 | 张 武　张艳国　喻承久 |
| | 177 | 无政府主义思潮史话 | 汤庭芬 |
| | 178 | 教育史话 | 朱从兵 |
| | 179 | 大学史话 | 金以林 |
| | 180 | 留学史话 | 刘志强　张学继 |
| | 181 | 法制史话 | 李 力 |
| | 182 | 报刊史话 | 李仲明 |
| | 183 | 出版史话 | 刘俐娜 |
| | 184 | 科学技术史话 | 姜 超 |
| | 185 | 翻译史话 | 王晓丹 |
| | 186 | 美术史话 | 龚产兴 |
| | 187 | 音乐史话 | 梁茂春 |
| | 188 | 电影史话 | 孙立峰 |
| | 189 | 话剧史话 | 梁淑安 |
| 近代区域文化系列（11种） | 190 | 北京史话 | 果鸿孝 |
| | 191 | 上海史话 | 马学强　宋钻友 |
| | 192 | 天津史话 | 罗澍伟 |
| | 193 | 广州史话 | 张 苹　张 磊 |
| | 194 | 武汉史话 | 皮明麻　郑自来 |
| | 195 | 重庆史话 | 隗瀛涛　沈松平 |
| | 196 | 新疆史话 | 王建民 |
| | 197 | 西藏史话 | 徐志民 |
| | 198 | 香港史话 | 刘蜀永 |
| | 199 | 澳门史话 | 邓开颂　陆晓敏　杨仁飞 |
| | 200 | 台湾史话 | 程朝云 |

# 《中国史话》主要编辑
# 出版发行人

| | | |
|---|---|---|
| **总 策 划** | 谢寿光 | 王　正 |
| **执行策划** | 杨　群 | 徐思彦　宋月华 |
| | 梁艳玲 | 刘晖春　张国春 |
| **统　　筹** | 黄　丹 | 宋淑洁 |
| **设计总监** | 孙元明 | |
| **市场推广** | 蔡继辉 | 刘德顺　李丽丽 |
| **责任印制** | 岳　阳 | |